頭のいい人だけが解ける

# 論理的思考問題

Q

野村裕之

ダイヤモンド社

# あなたは、
# 論理的な思考
## ができる人でしょうか?

それを測る、いい問題があります。
次のページから3問ご紹介します。
正解は後ほどまとめてお伝えしますので、
まずは試しに考えてみてください。

もとになっているのは、
「どれだけ直感による判断に頼っているか」
を測るためにつくられた、
「認知反応テスト」と呼ばれる問題です。
ちなみにこの問題は、

ハーバード大学やイェール大学といった
世界的超名門校の大学生ですら、
全問正解は17%しかいませんでした。

あなたはわかるでしょうか?

では、最初の問題です。
5秒で考えてみてください。

ボールペンと消しゴムは、
合わせて110円。
ボールペンは消しゴムより100円高い。

# では、消しゴムの値段は？

少し簡単だったかもしれませんね。
でも、

## 答えは「10円」ではありません。

次の問題です。
こちらも5秒で考えてみてください。

社員4人で作業して、
4日で4つ生産できる商品がある。
この商品を100日で100個つくるには、

# 最低何人の社員が必要？

なんとなく「100人かな？」と、
直感に頼った人もいるかもしれませんが、

## 答えは「100人」ではありません。

それでは、最後の問題です。
やはり5秒で考えてみてください。

あるイベントで、開始時は観客が1人だったが、
1分ごとに2倍に増え、12分で会場が満員になった。
観客が会場のちょうど半分を占めたのは、

# 開 始 か ら 何 分 後 ?

「12分で満員だから、その半分で、6分?」
と考えたくなってしまいますが、

## 答えは「6分後」ではありません。

これ以上引っ張ると、
本を閉じてしまう人もいそうですね。
では、解説へと参りましょう。

# 1問目の正解

「ボールペンが100円、消しゴムが10円」と考えがちですが、
それでは、ボールペンと消しゴムの差は90円になります。
差が100円になるには、「ボールペンが105円、消しゴムが5円」
でなくてはいけません。

**よって、正解は「5円」です。**

# 2問目の正解

「4人で4日で4つ生産できる」とはつまり、
「4人いれば、1日に1つ生産できる」ということ。
そのため、4人で100日やれば100個生産できます。

**よって、正解は「4人」です。**

# 3問目の正解

観客は「1分で2倍」になります。
12分で会場が満員になったのなら、
会場の半分が埋まったのは、その1分前。

**よって、正解は「11分後」です。**

みなさん、何問正解できたでしょうか?
すべて正解できた人は、
自慢していいと思います。

わからなくても、落ち込む必要はありません。
どれだけ優秀な人でも、
直感に頼って判断することはあるものです。

これはクイズに限ったことではないでしょう。
現実社会で複雑な問題に直面したとき、
多くの人が思考を停止させ、直感で考えます。

一方で、これらの問題に正解できる人たちもいます。
それが、「論理的に考えられる人」たちです。

**直感に流されたり、問題を投げ出したりせず、**
**事実を整理し、俯瞰して、**
**論理的に正しい答えを導きだす。**

これは、複雑さの増した現代において、
必要な力だと言えるでしょう。

本書は、論理的な思考がおのずと磨かれる問題を、
世界中から集めて1冊にまとめました。
ぜひ楽しみながら、取り組んでみてください。

頭のいい人だけが解ける

# 論理的思考問題

# 論理的思考問題が授けてくれる、「5つの能力」

　先ほど挑んでいただいた 3 つの問題は、「論理的思考問題」とも呼ばれています。「論理クイズ」「論理パズル」など、呼び名はいくつもあり、古くから世界中で娯楽としても親しまれています。その定義はさまざまですが、おおむね共通しているのは以下の点です。

**特別な知識を必要とせず、**
**問題文を読んで論理的に考えれば答えが導ける。**

　要するに「考える力」さえあれば誰でも解ける問題です。
　Google、Apple、Microsoft といった世界的有名企業は、こういった問題を入社試験で出題しています。「優秀な人材」を測る尺度として活用しているのです。
　「PayPal」「OpenAI」の共同創業者でもあり、「ジョブズ超えの天才」とも言われるあのピーター・ティールも、仲間たちと論理的思考問題を楽しんでいたそうです。

　私が勤めていた広告代理店でも「論理的思考問題」は人気でした。毎週金曜の 18 時に、お互いを褒め合う「ウィンセッション」という時間があり、そのアイスブレイクとして論理的思考問題を出題したところ、みな時間を忘れて大いに盛り上がったのです。なお当時のメンバー11 人のうち、現在では 6 人が社長もしくはCEOのポストにいます。

# なぜ「一流」は、クイズをたしなむのか？

　なぜ、世界の「エリート」と呼ばれるような人たちは論理的思考問題をたしなんでいるのでしょう。それは、ただクイズ好きなのではなく、**それが現代に必要な「最強のスキル」を鍛えてくれる**からなのだと思います。

　先ほど、論理的思考問題は「考える力」があれば解けるとお伝えしました。実際、正解を導くために必要な情報はすべて問題文に含まれています。

　ですがときには、与えられた情報から別の事実を見抜いたり、先入観を疑って考えたりしないと解けない問題もあります。つまり**直感で判断するのではなく、「ちゃんと考える」**ことで解けるのです。

　人が知らないことを知っていたり、勉強ができたりすることも、たしかに素晴らしいことです。ですがいまの時代は日々、新たな問題が現れ、過去に学んだことや身につけた知識はすぐに役立たなくなります。

　そんな時代に必要なのは、**直面したことのない複雑な問題に対して、直感や常識に流されず、状況を冷静に分析して、論理的に正しい判断を導ける「ちゃんと考える力」**です。そういった力のある人こそ、現代における「頭のいい人」だと呼べるでしょう。

　「ちゃんと考える力」のみが問われるのが「論理的思考問題」です。だから多くのエリートたちは、

　**最高の知的トレーニングとして論理的思考問題をたしなんでいるのです。**

　冒頭で紹介した３つの問題は「ハーバード大やイェール大の学生の正解率が17％だった」とお伝えしたように、学力が高いからといって

「ちゃんと考える力」があるとは限りません。裏を返せば、その力を高めることで、エリートたちにも勝てるということです。

## ドラッカーも提唱した「10のスキル」

　論理的思考問題によって鍛えられる力を、具体的に見ていきましょう。

　みなさん、「コンセプチュアル・スキル」という言葉を聞いたことがあるでしょうか。さまざまな出来事に直面したときに、状況に応じて何が最適であるかを考え、正しい判断ができる力を指します。

　具体的には次の10の能力を指します。

### 10のコンセプチュアル・スキル

① 論理的思考　　⑥ 受容性

② 水平思考　　　⑦ 知的好奇心

③ 批判的思考　　⑧ 探究心

④ 多面的視野　　⑨ 応用力

⑤ 柔軟性　　　　⑩ 俯瞰力

　ハーバード大学教授のロバート・カッツ氏が1950年代に提唱し、のちに経営学者のピーター・ドラッカーが提唱した組織モデルにも、この能力は組み込まれていました。

　ドラッカーは経営者、管理職、現場社員、すべての層において「コンセプチュアル・スキルは必要だ」と考えていました。

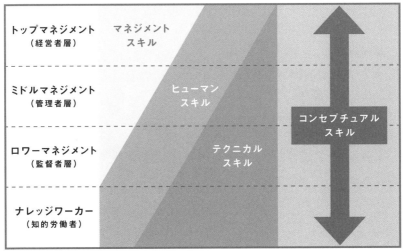

コンセプチュアル・スキルを説明した「ドラッカーモデル」

| | | |
|---|---|---|
| トップマネジメント（経営者層） | マネジメントスキル | |
| ミドルマネジメント（管理者層） | ヒューマンスキル | コンセプチュアルスキル |
| ロワーマネジメント（監督者層） | テクニカルスキル | |
| ナレッジワーカー（知的労働者） | | |

出典：スマカン「コンセプチュアルスキルとは？高め方や構成要素をわかりやすく解説」

　歴史のある概念ですが、不確定要素や変化の多い現代に必要な能力として、ふたたび注目を集めています。

　10のスキルのなかで「考える力」とも言えるのが、「論理的思考（ロジカル・シンキング）」「批判的思考（クリティカル・シンキング）」「水平思考（ラテラル・シンキング）」の3つ。3つセットで「トリプルシンキング」とも総称されています。
　それらに加えて、「俯瞰力」「多面的視野」（この本ではそれぞれ、「俯瞰思考」「多面的思考」と呼んでいます）も外せません。

　この5つは、「論理的思考問題」を解くために必要なスキルでもあります。そのため、筋トレと同じように論理的思考問題を解きながらこの5つのスキルを何度も駆使することで、おのずと鍛えられていくのです。
　それでは、この5つの能力について、次のページで詳しく見てみましょう。

### ①論理的思考

　事実や情報を冷静に見抜き、順序や法則を整理して、矛盾のない適切な判断をする力。目の前にある情報に対して、「そこからわかることはなにか」と推論することで、新たな事実を明らかにしたり、解決策を見つけたりできる。

### ②批判思考

　前提となる情報や、直感に対して疑問を持って考え、本質を見抜く力。現状の事実や課題に対して、「本当にそうだろうか?」という視点で過程や要素を振り返り、論理性や矛盾点を確認することで本質的な真実に辿り着ける。

### ③水平思考

　既成概念や常識、先入観、過去の事例などにとらわれることなく、フラットな視点で自由に発想する力。行き詰まっている問題に対して、「他に何が考えられるか」という姿勢で向き合い、これまでとは異なる斬新な解決策や打開策を提示できる。

### ④俯瞰思考

現状の視野や、細部にとらわれることなく、視座を高めて物事をとらえる力。「全体像はどうなっているのか？」と、広い視野で状況を眺めることで、見えていなかった情報や可能性に気づき、新たな発想や解決策を生み出せる。

### ⑤多面的思考

物事に対して、ひとつの視点からではなく、複数の立場や角度など、あらゆる側面から考える力。「見方を変えるとどうなるか？」という視点で状況を眺めることで、新たな情報を得て、隠れた真実や見落としていた解決策に気づくことができる。

　この5つの力は、問題を解く際だけでなく、ビジネスの世界でも大いに発揮されます。

　論理的思考は、「プレゼン」で事実にもとづいた説得力のある説明をしたり、「問題解決」において的確な解決策を考えたりする際に。

　批判思考は、現状の矛盾、漏れ、無駄などに目を向けて「業務改善」したり、未解決課題を見つけて「事業開発」したりする際に。

　水平思考は、まったく新しい「商品・サービス開発」をしたり、前例のない問題への「対策立案」をしたりする際に。

　俯瞰思考は、市場動向をつかんで「マーケティング分析」をしたり、ポジショニングを把握して「事業戦略」を立てたりする際に。

　多面的思考は、「営業活動」において相手の思考を察知したり、自社イメージを把握して「ブランディング」をしたりする際に。

だから、ドラッカーはこの５つの能力を「すべてのビジネスパーソンに必要だ」と提唱し、世界のエリートは能力向上のために「論理的思考問題」をたしなんでいるのです。

## 「理解する」だけでも賢くなる

　本書では、この「５つの能力」ごとに、私が古今東西から集めた珠玉の問題を紹介します。

　数学的な計算が必要なものや、パズルを見て答えるような問題は登場しません。「汎用性の高い思考力」が身につく問題を中心に選びました。

　要するに**「考え方の型」を教えてくれる問題**です。解くことで、似た問題や状況においても、その型を使った思考が応用できるようになることを目指しました。

　各章、簡単な問題からはじまり、しだいに難しくなっていきます。正直に言って、かなり難しい問題も載せています。難易度がふつう以上の問題は、常人には解けないかもしれません。私も初見では無理でした。

　なので、わからなくても気にしないでください。

### 「そう考えればよかったのか！」

　解説を読んで、この驚きを得ることが、なによりも大切です。何度も挑戦して解き方を覚えることで、「ちゃんと考える」ための思考回路が構築されていきます。

　取り組んでいただくことで、ビジネスに限らず、**不確かな時代を生きていくために必要な「ちゃんと考える力」**がおのずと身につくでしょう。なぜなら私自身、その力を実感したからです。

# 論理的思考問題が私の人生を変えた

　ご挨拶が遅くなりました。著者の野村裕之と申します。

　現在35歳で、都内の上場企業でWebマーケターをしています。その前は広告代理店に勤めていましたが、一貫してマーケティングの仕事をしていました。市場分析からターゲット設定、広告の制作や運用、イベントの主催、そしてときには新規事業開発など、幅広く担当してきました。

　私は、いい大学を出たわけでも、人より秀でた才能があったわけでもありません。3浪を経て大学に入り、やっとの思いで入社した会社はソリが合わず、わずか数ヶ月で辞めました。

　その後、29歳までアルバイトで食いつなぐ生活を送っていました。

　そんな私に、唯一と言える特徴があったとすれば、それは**「論理的思考問題」が好き**だったことです。

　新卒で入った会社を辞めたあと、空虚な日々を送るなかで思い出したのが、昔好きだった「論理的思考問題」でした。その魅力にふたたび取り憑かれた私は、寝る間も惜しんで問題を収集しました。趣味で立ち上げたブログ内で問題を紹介し、解説するようになったところ、いまでは月間最高70万PVの人気ブログになりました。

　このブログを見た広告代理店から連絡をもらったことがきっかけで、未経験でど素人で、29歳ニートの私でもマーケティングの仕事に就く機会をいただけました。そして運良く仕事で成果を出し、その後のキャリアにつなげられたのです。

　仕事で結果を出せたのは、まさに**論理的思考問題によって「ちゃんと考える力」が養われていた**からだと感じています。マーケティングの仕事において、論理的思考問題によって身につけた5つの能力は、このように役立ちました。

論理的思考：いくつもの調査データを整理、分析して、必要な打ち手を考える

批判思考：既存の方法を鵜呑みにせず、つねに新しいマーケティング手法を検討する

水平思考：行き詰まったときに、思い込みや常識を捨て、新しい手法を生み出す

俯瞰思考：広告手法やターゲット、掲出場所、内容など、数多ある選択肢を俯瞰し、最善策を選択する

多面的思考：自分の視点にとらわれず、ユーザー目線など多面的な視点で考える

　この本で鍛えられる思考力は、ノウハウやケーススタディのように、直接的に役立つ即効性の高いものではないかもしれません。ですが、すぐに役立つものは、変化の速い現代では、**すぐに役立たなくなります**。その点、「ちゃんと考える力」は、いかなる時代においても自分を支えてくれる一生物の財産になるでしょう。

## すべての問題は「パズル」である

「論理」とは、暗闇を照らす光。

　私はそう感じています。いっけん無理難題に思える問題も、その真っ暗闇に向かって論理という光を当てることで、わずかな糸口が見えてきます。そこを辿り、また前方を照らすと、次の目印が見えてくる。そうして繰り返していくうちに、目的地へと導いてくれる。そんな「暗闇を照らし、前に進むための武器」が、論理だと思っています。

「現実の世界は、論理で動いてはいない」

　そう考える人もいるかもしれません。たしかに、論理的に見えるビジネスの世界ですら、人間の感情による影響は無視できません。ですが、「論理ではない部分」にとらわれていることが、問題を複雑にしてしまっている場合もあります。

コンサルタントの世界で「問題解決の名著」と呼ばれている書籍、『ライト、ついてますか』（ドナルド・C・ゴース　ジェラルド・M・ワインバーグ著 共立出版）のなかに、このような文があります。

**伝統的に「問題解決」と呼ばれてきたものの多くは、じつはパズル解決である。**

　現実世界に起こる問題を解くのも、パズルやクイズを解くのも、本質的には変わらないということです。**「問題は複雑である」という感情や思い込みが、「論理」を脇に追いやり、問題を複雑にしてしまうのです。**
　論理を隠している障害を排除し、問題をシンプルにして考えることは簡単ではありません。だから私たちは「論理的に考える力」を鍛える必要があるのです。

## 最後に伝えたい「論理的ではない話」

　ここまで「論理的に」この本の魅力をお伝えしてきましたが、最後にひとつ、論理的ではないことを言います。

**「論理的思考問題は、最高に面白い！」**

　一目見て、「こんなの、わかるわけがない」と思う問題の解説を読み、答えに近づいていくときのワクワクは、まるで**ミステリー小説を読んでいるような気分**です。答えがわかったときの爽快感はたまりません。

　ということで、ぜひ軽い気持ちで読んでみてください。
　読者のみなさまの「ちゃんと考える力」の向上に少しでも役立てていただけましたら、著者として嬉しく思います。

野村裕之

第 **2** 章 | 批判思考 のある人だけが
解ける問題

第 3 章 | 水平思考 のある人だけが解ける問題

第 **5** 章 | 多面的思考 のある人だけが
解ける問題

第 **6** 章 | すべてのはじまりになった問題

# 論理的思考

## のある人だけが
## 解ける問題

物事を体系的に整理し、

そこから得た情報を根拠として、矛盾なく考える。

それが、論理的思考です。

英語では「ロジカル・シンキング」と呼ばれます。


この思考を表すとき、よく言われるのが「雲・雨・傘」です。

「雲が多く、雨が降りそうなので、傘を持っていく」

事実を観察して、そこからわかることを根拠に、

判断をすることです。


頭のいい人は、なんとなくの判断はしません。

不確実性の高い現代社会だからこそ、

事実を冷静に見抜き、

論理的に考える思考を大切にします。

当たり前に見えるけれど、すべての思考の土台でもある。

そんな論理的思考が問われる、12問をご紹介します。

# 矛盾のない真実を導けるか？

難易度 ★ ☆ ☆ ☆ ☆

論理的に考える感覚をつかむために、まずは**論理的思考問題**で**最もオーソドックスな問題**を考えてみましょう。

## ３人の村人

あなたの前に３人の村人がいる。
１人は天使、１人は悪魔、１人は人間。
天使はかならず真実を言い、悪魔はかならず嘘をつき、
人間はランダムに真実や嘘を言う。

３人の村人（A,B,C）は次のように言った。

私は**天使**ではない

私は**悪魔**ではない

私は**人間**ではない

### それぞれの村人たちの正体は？

**解説** いつも本当のことを言う「天使」と、いつも嘘をつく「悪魔」。彼らが登場するこの形式は「天使と悪魔のクイズ」とも呼ばれ、さまざまな類問が存在します。今回は最もシンプルで、難易度はかなりやさしいレベル。小学生でも解けるためヒントはありません。1人ずつ順を追って、発言とその特徴に注目していきましょう。

## 仮定からはじめよう

　問題文を読んで「1人ずつ地道に正体を考えていくしかないのかな……」「めんどくさいな」と思った方もいるのではないでしょうか？

　ええ。残念ながら正解です。

　論理的思考とは一瞬で何かを解決してくれる魔法ではなく、正しい答えを地道に導くための武器です。

　よって論理的思考の基本は、

**「もし○○だったら……」と、仮定と検証を繰り返すことです。**

　本書の1問目でこれをマスターしてしまいましょう。

　というわけで考え方としては、「もしAが天使だとしたら」「悪魔だとしたら」「もしBが」「もしCが」と仮定して、矛盾が起きるパターンを消していきます。

　さて、基本はこれで大丈夫なのですが、この問題をややこしくしている「人間」という存在には注意が必要です。

　「人間」はランダムに真実や嘘を言うため、発言がヒントになりにくく、消去法で見つけるしかありません。

　そこで、まずは発言がつねに一貫している天使や悪魔について考えていきましょう。

# 1人目の正体は？

まず、Aが天使だと仮定した場合。

「私は天使ではない」の発言は「真実」となります。

つまり、Aは「天使ではない」ということに……。

Aを天使だと仮定すると、仮定と発言に矛盾が生じてしまいました。

よって、**Aが天使ということはありえません。**

では、Aは悪魔なのか？

その場合、Aの「私は天使ではない」の発言は「嘘」となります。

つまり、Aは「天使である」ということに……。

Aを悪魔だと仮定すると、仮定と発言に矛盾が生じてしまいました。

**つまりAは悪魔でもありません。**

残された可能性はたったひとつ。

**Aは「人間」です。**

第1章 論理的思考

# 2人目の正体……？

次に、Bの正体を考えてみます。

Bが天使だった場合、「私は悪魔ではない」の発言は「真実」ということになります。ここに**仮定との矛盾はありません。**

ではBが悪魔だった場合は？

「私は悪魔ではない」の発言は「嘘」であり、Bは悪魔だということになります。ここにも仮定との矛盾はありません。つまり、

**Bが天使か悪魔のどちらかは、まだ特定できません。**

# 3人目の正体へ

　Bが特定できないため、Cについて考えてみます。

　Cが天使だった場合、「私は人間ではない」の発言は「真実」ということになり、「Cは天使である」という仮定との矛盾はありません。

　では、悪魔だった場合はどうでしょう。
「私は人間ではない」の発言は「嘘」であり、Cは人間だということになります。これでは、「Cは悪魔である」という仮定と矛盾します。

**よって、Cは「天使」でしかありえません。**

　そして、**最後に残ったBが「悪魔」**ですね。

| 正解 | A：人間　B：悪魔　C：天使 |
| --- | --- |

　**まとめ**　とてもシンプルですが、「仮定して考え、矛盾のない真実を導く」という、論理的思考のエッセンスが詰まった良問です。わかっていることから思考をはじめて、論理がつながるかどうかを確かめていく。これが論理的思考の基本となります。加えてこの問題では、「正体がわからない人物」をいったん排除して考えることも重要なポイントでした。「不確定な情報」を見抜くことも、論理的に考えるうえで大切なので、覚えておくとよいでしょう。

## POINT

- わかっている情報を手がかりに考えるのが「論理的思考」の基本
- ひとつずつ仮定しながら、論理が成り立つか考えていく

# 論理の力で盲点に気づけるか?

難易度 ★☆☆☆☆

「論理的に考える」ことで、それまでは見落としていた真実にも気づけます。そこで、ややひっかけのある問題を考えてみましょう。

## 3つの調味料

シオさん、コショウさん、サトウさんという名前の3人が、
一緒に食事をしている。
そのうちの1人があることに気づいた。
「それぞれ塩、胡椒、砂糖を持っている」と言うのだ。

塩を手に持っている人が、それに応えてこう言った。
「誰も自分の名前と同じ調味料を取らなかったんだ!」

するとサトウさんが「砂糖を渡してくれ!」と言った。
しかし、最初に気づいた人は砂糖を手に持っていない。

**コショウさんは何を持っている?**

簡単そうに見えて、かなりややこしい状況です。正解を導くには、それぞれの発言が誰のものなのかを特定する必要がありそうです。3つの発言を手がかりに、1人ずつ「もし〇〇が、△△なら？」と仮定して考えていきましょう。

## 最初に気づいたのは「シオさん」？

まずは順当に、「最初に気づいた人」から仮定していきます。

問題文の終盤に「最初に気づいた人は砂糖を手に持っていない」とあるため、最初に気づいた人が持っているのは塩か胡椒です。

それがシオさんだった場合を考えてみましょう。

「名前と異なる調味料を持っている」という前提から、**シオさんが持っているのは胡椒のはず。**

続いて、次に発言している「塩を持っている人」の正体も考えてみます。

塩を持っているということは、サトウさんかコショウさんです。

ですがその直後にサトウさんが発言しているため、2番目に発言した**「塩を持っている人」はコショウさんのはずです。**

**ここで問題が起こります。**

この場合、最後に残ったサトウさんが砂糖を持っていることになってしまいます。

前提と矛盾してしまうため、この組み合わせはありえません。

## 最初に気づいたのは「コショウさん」？

では、「最初に気づいた人」がコショウさんだった場合を考えましょう。

2番目に発言している人が「塩を手に持っている人」であるため、最初に発言した人が持っているのは砂糖か胡椒です。

そして「名前と異なる調味料を持っている」という前提から、**最初の発言者がコショウさんだと仮定すると、持っているのは砂糖のはず。**

ですが、問題文には「最初に気づいた人は砂糖を手に持っていない」とあるため、ここでも矛盾してしまいます。

## 残された組み合わせとは

「最初に気づいた人」がシオさんでも、コショウさんでも矛盾するため、**「最初に気づいた人」はサトウさん**だということになります。

この場合、持っている調味料は塩か胡椒ですが、その言葉に対して「塩を持っている人」が返答していることから、**サトウさんが持っているのは胡椒**だとわかります。

そして、2番目に発言した「塩を持っている人」はシオさんではなく、サトウさんでもないため、**これはコショウさんだとわかります。**

そして残ったのはシオさんと砂糖であり、この組み合わせは成立します。

| 正解 | コショウさんが<br>持っているのは「塩」 |
|---|---|

**まとめ** 最後にサトウさんが発言しているため、最初の発言者はサトウさんではないと思い込みがちですが、それを決定づける記述はありません。1人ずつの発言を論理的に検証していくことで、無意識に選択肢から除外していた真実に辿り着ける問題でしたね。

### POINT

- 人はときに、「書かれていないこと」も信じてしまう
- 論理的に考えることで、その思い込みを払拭できる

# たったひとつの情報から
# 真実を見抜けるか？

難易度 ★ ☆ ☆ ☆ ☆

ここまでは複数の発言から真実を見抜きました。では、**手がかり
がたったひとつ**の場合も、同様に真実を導けるでしょうか？

## 1人だけの証言

会社のお金が誰かに横領されてしまった。

社員Aは「犯人はBです!」と発言した。
社員B,Cもある発言をした。

その後、
『犯人はA,B,Cのうち誰か1人』
『犯人だけが本当のことを言った』
ということがわかった。

**犯人は誰？**

**解説** 登場人物の発言から犯人を見つける系の、よくある問題かと思いきや、判明しているのはＡの発言だけ。ＢとＣについては「どんな発言をしたのか」という情報がまったく存在しません。いっけん、情報が足りなくて解けそうにないと感じてしまいます。それでも、論理的に考えていけば答えを導き出せるのが、この問題の面白いところです。

## 判明している事実から別の情報を得る

問題文の条件からわかるのは、以下の点です。

"犯人はＡ,Ｂ,Ｃのうち誰か１人"
"犯人だけが本当のことを言った"

情報が少ない問題を考えるときの、セオリーがあります。それは、

### 判明している事実から別の情報を得る

というもの。
たとえば今回の問題では、「犯人だけが本当のことを言った」というヒントから、

### 無実の人物は嘘をついた

ということがわかります。
こうした**隠れたルール**を言語化しておくと、後々の役に立ちます。

## 「矛盾」を探そう

さて、ここからは「３人の村人」同様、１人ずつ「犯人なら」「無実なら」と仮定していき、矛盾するケースを探していきます。
とはいえ、発言しているのはＡただ１人なので、まずはこのＡが「犯

人なら」と仮定して考えてみます。

その場合、「犯人だけが本当のことを言った」という条件から、Aの「犯人はBです」の発言は真実だということになります。

ですがそれでは、AとBの2人が犯人ということになり、「犯人はA, B, Cのうち誰か1人」という条件と矛盾します。

よって、**Aが犯人ということはありえません。**

ここで思い出してほしいのが、先ほど言語化した「無実の人物は嘘をついていた」という隠れたルールです。

つまり、**無実だと判明したAの「犯人はB」という発言は嘘だということ。**

Aも無実で、Bも犯人ではない。

よって、犯人はCです。

| 正解 | 犯人はC |
|------|---------|

**まとめ** 今回は「犯人だけが本当のことを言った」というヒントから、「無実の人は嘘をついた」という条件が導き出せるかがポイントでした。ひとつの情報も、「そこから言えることは？」と考えていくと、新たな事実が見えてきます。発言が1人分しかないのに、3人の正体が即座にわかってしまう。トリッキーで面白い問題でしたね。

**POINT**

- たったひとつの情報も、見方を変えると別の情報が得られる
- 情報の逆や反対を考えてみると、別の法則が見つかる

# 隠れているヒントを
# 見つけられるか？

難易度 ★ ★ ☆ ☆ ☆

誰かの発言といった、わかりやすいヒントがつねに与えられると
は限りません。次の問題に**隠された手がかり**を見抜けるでしょう
か？

## 10回のじゃんけん

A,Bの２人が、じゃんけんで10回勝負をした。

Aはグーを３回、チョキを６回、パーを１回出した。
Bはグーを２回、チョキを４回、パーを４回出した。

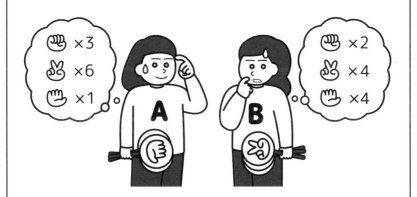

あいこには一度もならなかった。
熱中しすぎた２人は、
何の手をどの順番で出したか覚えていない。

**多く勝ったのはどっち？**

**解説** 何から考えていけばいいのか、とっかかりすら見えませんが、そこに気づけるかどうかが、この問題の最大のポイントです。

## 問題文に書かれていないヒントを読み解く

この問題のポイントは、「隠れたヒント」を見つけることです。
それが見つかるのは、この部分。

"あいこには一度もならなかった。"

ここから、ひとつの法則が導き出されます。
それは、**相手はかならず、自分が出した手とは違う手を出している**という事実です。つまり、

> Ａがグーを出したとき、Ｂはかならずチョキかパーを出している。
> Ａがチョキを出したとき、Ｂはかならずグーかパーを出している。
> Ａがパーを出したとき、Ｂはかならずグーかチョキを出している。

ということです。

## 「手を出した回数」に注目

Ａが出した手に対して、Ｂが出した可能性のある手がわかりました。
たとえば**Ａがグーを出したとき、Ｂはチョキかパーを出しています。**
つまりＡがグーを出した３回のうち、Ｂは「３回ともチョキ」「１回はチョキで、２回はパー」「２回はチョキで、１回はパー」「３回ともパー」の可能性が考えられます。
でも、ひとつずつパターンを検証していくのはかなり大変……。
そこで、じつはもっと簡単に正解を見つける方法があります。
Ｂの出した手が特定できなくても、勝敗が特定できる組み合わせに着目すればいいのです。それは、

　Aがチョキを出した回数と、Bが出したグーとパーの合計数はどちらも6回。つまり**Aが6回チョキを出したとき、Bがグーを2回、パーを4回出していた**と確定します。

　よってAがチョキを出した6回の戦績はAの**4勝2敗**だとわかります。

## おのずとわかる対戦結果

　これでBがグーかパーを出したときの勝敗はすべてわかりました。

　そして残りの勝負でBが出したのは「チョキ4回」というのもわかっています。それに対しAはグーを3回、パーを1回出しています。

　つまり、残り4回の戦績はAの3勝1敗になります。

　よって、最終的にはAが7勝3敗で勝ちました。

| 正解 | 多く勝ったのはA |
|---|---|

**まとめ** サラッと書かれている「あいこには一度もならなかった」という情報をヒントにして、解決の糸口を探していくのがポイントでした。そこから、「自分が出したのと違う手を相手は出している」「Aがチョキを出した回数と、Bがグー、パーを出した回数が同じだ」と気づけたはずです。与えられた情報から他に何がわかるかを考えることで、はじめて見えてくる真実もあるということですね。

### POINT

● いっけん手がかりにはならない情報も、「そこからさらにわかること」を考えてみると、解決のとっかかりが見えてくる

# バラバラな情報を
# 整えられるか？

先ほどの問題では、勝敗という情報からヒントを探しました。では**情報の性質自体がバラバラなとき**は、何から手をつければいいのでしょう？

## 「複雑な1週間」

A,B,C,D,E,F,Gの7人が、曜日について話している。

A：明後日は水曜日です

B：いいえ、今日が水曜日です

C：違います、明日が水曜日です

D：今日は月・火・水曜日のいずれでもない

E：昨日は木曜日だったよ

F：明日が木曜日だよ

G：昨日は土曜日じゃなかったよ

7人のうち、真実を語っているのは1人だけ。

### 今日は何曜日？

**解説** バラバラな情報をもとに考えるときは、まず何をするべきか。難易度自体は高くありませんので、冷静に論理的にひもといていきましょう。

## まずは基準を整える

発言の内容がバラバラで、考えるのも嫌になってしまいます。

こういった、基準や表現がバラバラな情報について考える場合は、

**まずは基準を整えていきましょう。**

"A「明後日は水曜日」"
"B「今日が水曜日」"
"C「明日が水曜日」"
"D「今日は月・火・水曜日ではない」"
"E「昨日は木曜日」"
"F「明日が木曜日」"
"G「昨日は土曜日ではない」"

問題で問われているのは「今日の曜日」です。

そこで、この7人の発言を、「今日」を基準にした形式に書き換えてみます。

A「今日は月曜日」
B「今日は水曜日」
C「今日は火曜日」
D「今日は木・金・土・日曜日のどれか」
E「今日は金曜日」
F「今日は水曜日」
G「今日は月・火・水・木・金・土曜日のどれか」

## 新たな手がかりを導く

　基準を整えたことで、7人の発言において、**ほとんどの曜日が2回以上登場している**ことがわかりました。

　しかし、7人のうち本当のことを言っているのは1人だけ。

　たとえば「今日は月曜日」が正解だとした場合、AもGも正しいことを言っているということになり、「真実を語っているのは1人」という問題文と矛盾してしまいます。

　つまり**2人以上が指し示している曜日は真実ではない**ということです。

　7人の「今日が何曜日か」という発言内で、1人しか答えていない、つまり1回のみ登場する曜日が正解だとわかります。

　1度しか出ていない唯一の曜日。**それは日曜日です。**

| 正解 | 今日は日曜日 |
|---|---|

まとめ 「バラバラな情報を整理して考える」ことの大切さを教えてくれる問題でした。仕事でも役立つ思考回路ですね。私にも「めちゃくちゃ荒れている会議で関係者みんなが思い思いの要望を口にしていたが、整理してみたら論点は1つだけだった」という経験が何度もあります。まずは前提や基準を整える。これを最初にやるかどうかで仕事量が数日単位で変わったりしますからね……ふふ……おっと目から水が。

## POINT

- わかっている情報の性質がバラバラなときは、まずは同じ基準にそろえられないかを考えてみる

# 断片情報が示す真実に気づけるか？

難易度 ★ ★ ☆ ☆ ☆

情報を整理、検証し、別の真実を導く。その思考があれば、いっけん少なすぎる手がかりからでも、**予想以上に多くの情報を引き出せます。**

## 営業コンテストの参加数

営業のセールストークスキルを競う全国大会がおこなわれた。
1社につきかならず3人の社員が参加している。
あなたの会社からはA,B,Cの3人が出場したところ、
次のような結果になった。

**参加者全員の
ちょうど真ん中の
順位だった**

**Aより下の
19位だった**

**28位だった**

いくつの企業が、
大会に参加したのだろうか？

**解説** 与えられている情報が少なく断片的なので、解けなさそうに思えます。でも大丈夫。わかっている情報を、ひとつずつじっくり考えていくと、しだいに道が開けていきます。

## 与えられた情報を「別角度」で眺める

解決の糸口が見えないときは「10回のじゃんけん」のように、**事実の見方を変えることで別の情報を得られないか考えてみましょう。**

まずはAの結果から注目してみます。
Aは「参加者全員のちょうど真ん中の順位」でした。
ここからわかることは、「真ん中の順位」が存在したということです。
つまり、大会に参加した人数は奇数でなければいけません。

> 参加者が5人（奇数）→ 3位の人が「真ん中の順位」
> 参加者が6人（偶数）→「真ん中の順位」がない

くわえて、各企業から出場している社員は3人。
すなわち参加者の人数は「**奇数かつ3の倍数**」を満たす数です。

## Bの順位からわかること

次に、Bの結果に注目します。
Bは「Aより下の19位」でした。
これは、「ちょうど真ん中の順位（Aの順位）」が、19位より上になくてはいけないということを意味します。

ただし、Aが18位という可能性はありません。
なぜなら18位が真ん中だとすると参加総数は35人になりますが、これは「3の倍数」ではないため、「各企業から3人ずつ参加している」という状況と矛盾するためです。

つまり、考えられるＡの順位として最も大きいのは17位。

よって、**参加者としてありえる最大数は33人**です。

これは先ほど判明した「奇数かつ３の倍数」の条件に当てはまります。

反対に、**参加者としてありえる最小数は21人**となります。

Ｂが19位のため、少なくとも19よりは多い「３の倍数」の人数が参加していることは確実だからです。

## Ｃの順位からわかること

最後に、Ｃの順位を見てみます。Ｃは「28位」でした。

全参加者は「奇数かつ３の倍数（３，９，……27,33,39など）」の人数だとわかっているため、参加者が28人という可能性はありません。

28より大きくて、条件に当てはまる最小の数は33。

ということで、**少なくとも33人以上の参加者がいる**とわかります。

先ほどの「参加者としてありえる最大数は33人」という事実と組み合わせると、条件を満たすのは**「参加者数が33人」**の場合のみです。

そして、各社から３人が参加している。

よって参加企業は**11社**です。

| 正解 | 参加したのは11社 |
|---|---|

**まとめ** 情報をもとに順番を考える問題は、新卒採用の入社試験でもよく出されますね。与えられた情報の意味をとらえ直し、条件を絞っていく。たしかに、ビジネスにも必須の思考です。

### POINT

● たとえわかっている情報が少なくても、すべての言葉を別角度から眺めて、そこからわかる別の真実を導いていく

# 思考のとっかかりを 見つけられるか?

難易度 ★ ★ ★ ☆ ☆

一部の情報から、全体像を見抜く。その思考をさらに鍛えるために、**少しレベルアップした問題に挑戦してみましょう。**

## 温泉卓球の結果

温泉上がりのA,B,Cの3人が、
順番に卓球のシングル戦をおこなった。
ルールは以下のとおり。
『勝者は次の試合にも出る』
『敗者は待機している人と交代し、次の試合には出られない』

最終試合が終了したところ、
それぞれの試合数は以下となった。

合計10試合　　　　合計15試合　　　　合計17試合

**全 体 の 第 2 試 合 で 負 け た の は 誰 ?**

**解説** それぞれの合計試合数しかわからないのに、いきなり「第2試合」の結果を聞かれて驚いたかと思います。難易度は「ふつう」ですが、ちょっと難しいかもしれません。最初の着眼点さえ見つかれば、あとは流れるように解けていきます。

**ヒント1** 3人の合計試合数から、さらにわかることがある
**ヒント2** 行き詰まったら、「最大」と「最小」を求めてみる
**ヒント3** Aの試合数がこの数だから、解ける問題

## おこなわれた試合の「合計数」がわかる

順を追って考えていきましょう。
唯一わかっている手がかりは、3人それぞれの合計試合数です。
どうやらここから、別の情報を得る必要がありそうです。

3人がおこなった試合数を、合計してみましょう。
「10+15+17=42」

**つまり合計42試合がおこなわれた……ように思えますが、違います。**

シングル戦は1対1。2人でおこなわれるので、1試合につき2人の試合数が**重複**してカウントされます。
そのため、「42÷2＝21」が全体としておこなわれた試合数です。
卓球の試合は計**21回**おこなわれたと判明しました。

## 実現可能な最大・最小の試合数とは？

ここまでに判明している事実は、全体の試合数が21回であることと、「3人の試合数に偏りがある」ことです。
しかし、これだけでは答えは出ません。
思考の糸口が見えないときは、

### まずは上限と下限の数値を求めてみると、手がかりが見えてくることがあります。

　参加者の1人が可能な「最大の試合数」を考えてみましょう。

　これは簡単ですね。1試合目から参加して、全勝することです。

　つまり、

### 21試合が「理論上可能な最大試合数」

だとわかります。

　では反対に、「理論上可能な最小試合数」は？

　これを実現する方法は、「毎回かならず敗北する」ことです。

　毎回負けて、次の試合には出ないことで、なるべく少ない試合数で21試合を乗り切れます。

「毎回かならず敗北する」ということは、たとえば1試合目は出て、2試合目は休んで、3試合目は出て……といった具合になるので、

- 1試合目から参加してすべて敗れたときの出場試合
  1、3、5、7、9、11、13、15、17、19、21（計11試合）

- 2試合目から参加してすべて敗れたときの出場試合
  2、4、6、8、10、12、14、16、18、20（計10試合）

という出場履歴になります。

　つまり理論上可能な試合の最小回数は「10試合」です。

　毎回かならず敗北することでのみ、この結果が得られます。

## 10試合しか出場しなかったAの存在

　理論上可能な試合の最小回数と、その場合の戦績がわかりました。

お気づきでしょうか。

**10試合しかしていない人が、3人のなかにいましたね。**

すなわち、試合数が10だったAは、この戦績だったとわかります。毎回かならず敗北していたわけです。

そして問題文で聞かれているのは「2試合目で負けたのは誰か」です。

Aの試合数が10試合になるのは、2試合目から出場し、すべての試合で敗北した場合だけ。

つまり、2試合目で負けたのはAです。

> ## 正解 | 2試合目で負けたのはA

**まとめ**「試しに最大値と最小値を求めてみる」というのは、よくある解決手段です。私も仕事において、あらゆる可能性が考えられるようなときは、まずは「考えるべき範囲を絞る」ことを習慣にしています（実際にできているかと聞かれると自信はありませんが……）。「もっと難しくても大丈夫」という方は、あとに出てくる上級問題「隠された運動会」（P.249）にも挑戦してみてください。きっと、楽しめると思います。

### POINT

- 思考のとっかかりがつかめないときは、まずは「最大」「最小」といった極端な場合から考えてみる

# 裏の裏まで
# 考えられるか？

難易度 ★ ★ ★ ☆ ☆

論理的な考え方を押さえたところで、論理のさらなる力を感じて
みましょう。最初に紹介した**「3人の村人」**のレベルアップ問題
です。

## 天国への道

あなたの目の前に分かれ道がある。
どちらかが天国行きで、どちらかが地獄行き。

分かれ道には2人の門番が立っている。
それぞれ「いつも真実を言う天使」「いつも嘘をつく悪魔」
のどちらかだが、外見上は見分けがつかない。

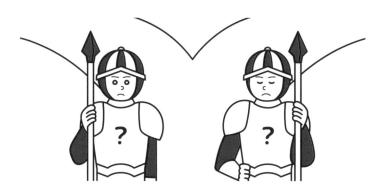

あなたは2人の門番のどちらかに、
「Yes」「No」で答えられる質問を一回だけできる。

**どのように質問すれば、
天国行きの道を知ることができるだろうか？**

**解説** 「3人の村人」と同じ要領で解けるかと思いきや、うまくいきません。質問できるのは1回だけ。相手が天使なのか悪魔なのかわからない以上、質問したところで意味のある回答が得られるとは思えないのですが……。ここで必要になるのが論理の力。発想力ではなく、純然たる論理力が試される問題です。

**ヒント1** どちらが天使で、どちらが悪魔かを見分ける必要はない

**ヒント2** 「天使に聞いても悪魔に聞いても確実に天国への道がわかるような質問」をしなければならない

**ヒント3** $(-1) \times (-1) = 1$

# 「ウラ」の裏は「オモテ」

相手が天使なのか、悪魔なのかはわからない。

そして、質問できるのは1回のみ。論理的に考えるとこれは、

## 天使に聞いても悪魔に聞いても答えがわかる質問

をするしかありません。

「そんな質問があるのか？」と思うかもしれませんね。

でも、あるんです。

ここで登場するのが、

## 「二重質問」という手法です。

具体的には、

『「●●●？」と尋ねたら、あなたは▲▲▲と答えますか？』

という型の質問です。

1つの文に2つの「？」が入っているように、2つの質問を合体させた聞き方です。

　この聞き方をすることで、

天使に聞いたら「1×1＝1」に
悪魔に聞いたら「(−1)×(−1)＝1」に

と、どちらも同じ答えになるのです。

　この手の問題の基本解法となるので、ぜひ覚えておいてください。

## 悪魔に真実を言わせる方法

　今回の場合、この「二重質問」を駆使すると、一方の道を指差して、

「『この道は天国行きですか？』と尋ねたら、あなたは『Yes』と答えますか？」

と質問するのが最適解になります。

　質問したのが天使だった場合、回答は以下のようになります

| あなたの質問 | 尋ねた道が天国行きの場合の回答 | 尋ねた道が地獄行きの場合の回答 |
|---|---|---|
| 「この道は天国行き？」 | Yes | No |
| と聞いたらYesと答える？ | Yes | No |

　「Yes」という答えが返ってきたらその道へ、「No」という答えが返ってきたら別の道へ進めば天国に辿り着きます。

　とくに問題はありませんね。

　さて、ポイントとなるのは、質問した相手が悪魔だった場合です。

　同じように表にしてみましょう。

| あなたの質問 | 尋ねた道が天国行きの場合の回答 | 尋ねた道が地獄行きの場合の回答 |
|---|---|---|
| 「この道は天国行き?」 | No | Yes |
| と聞いたらYesと答える? | Yes | No |

　注目したいのは、後の質問に答えるときの悪魔の脳内です。

　あなたが尋ねた道が天国行きの場合、「この道は天国行き？」という質問への回答は「No」になります。

　ところが、「〜と聞いたらYesと答える？」と聞かれているため、**悪魔は再び嘘をついて「Yes」と答えることになるのです。**

　反対に、尋ねたのが地獄行きの道の場合も、同様のロジックが働きます。

　「この道は天国行き？」という質問への回答は「Yes」になりますが、「〜と聞いたらYesと答える？」と聞かれているため、悪魔は再び嘘をついて「No」と答えることになるのです。

　すなわち、この質問を悪魔に投げかけた場合も、「Yes」という答えが返ってきたらその道へ、「No」という答えが返ってきたら別の道へ進めば天国に辿り着きます。

## 一致する天使と悪魔の回答

　この質問をしたところで、質問した相手が「天使」なのか「悪魔」なのかはわかりません。

　ですが、天使と悪魔への質問の対応結果をご覧ください。

　**いずれの場合も、「Yes」ならその道が、「No」なら別の道が天国行きの道であるという状態です。**

　これであなたは、たった1回の質問で、確実に天国への道がわかるようになりました。

| 正解 | 「『この道は天国行きですか?』<br>と尋ねたら、<br>あなたは『Yes』と答えますか?」<br>と尋ねる |
|---|---|

**まとめ** 嘘の嘘をついた結果、真実を言ってしまった哀れな悪魔。「門番のどちらが天使/悪魔なのか」ということは最後までわかりませんが、とにかくこの手順でなら天国への道がわかります。同じ質問なのに、正直者も嘘つきも同じ回答をしてしまう。まさに論理の神秘と言えます。「二重質問」のテクニックは今後の問題でも登場するため、覚えておいて損はありません。

**POINT**

- 「『それが〜か?』と尋ねたら、あなたは〜と答えるか?」と二重の質問をすることで、嘘つきにも真実を言わせることができる

# 事実を抽象化して考えられるか？

難易度 ★ ★ ★ ☆ ☆

ここまで、事実を別角度から眺め、ヒントを得てきました。いわば「横にズラす」思考です。では、**横以外にも思考をズラす**ことはできるでしょうか。

## ５０％の帽子

A,Bが帽子をかぶらされ、向かい合って座っている。
自分の帽子は見えないが、相手の帽子は見える。
しかしお互いにコミュニケーションはとれない。

帽子の色は赤か青。
２人とも赤、２人とも青、というパターンもありえる。

２人は同時に「自分の帽子の色」を宣言して、
２人のうち少なくとも１人が正解しなければならない。
２人は帽子をかぶらされる前に相談ができる。

**どのような戦略をとればいいだろうか？**

「自分がかぶっている帽子の色を当てる」という形式は、論理的思考問題では頻出するパターンです。「与えられた条件下で、相手の状態を見て自分の状況を把握する」思考が試されています。

お互いに会話ができれば何も問題はありませんが、それができない以上、事前の戦略が重要になってきます。ここで最大のポイントとなるのが「2人のうち、どちらかが正解すればいい」なのですが……。


# 組み合わせを抽象化してみる

2人の帽子の色の組み合わせとしてありえるのは、「赤赤」「赤青」「青青」の3パターンです。

それぞれのパターンに合わせた回答をすれば確実に正解できますが、2人では3つのパターンをカバーできない……。そんなときは、

**抽象化することで、もっと少ないパターンに限定できないか**

これを考えてみます。

すると、「赤赤」「赤青」「青青」の3パターンは、要するに「2人とも同じ色」もしくは「2人は違う色」だということが見えてきます。

これで、結果を2パターンに絞れました。


# パターンに合わせた戦略を練る

結果を2パターンに絞れたら、あとは簡単。AとBで、それぞれのパターンを想定した回答をすれば、かならずどちらかが正解できます。

つまり、Aは「2人の帽子が同じ色だった場合」の回答を、Bは「2人の帽子の色が異なっていた場合」の回答をすればいいのです。

Aは、相手の帽子と「同じ色」を宣言する。
Bは、相手の帽子と「違う色」を宣言する。

という戦略です。

これで本当にうまくいくのか、検証してみましょう。

Aが赤、Bが青の帽子だったとします。先ほどの戦略でいくと、

> Aは「青（Bの帽子と同じ色）」と答える←不正解
> Bも「青（Aの帽子と違う色）」と答える←正解

では、AもBも赤の帽子だった場合はどうでしょう。

> Aは「赤（Bの帽子と同じ色）」と答える←正解
> Bは「青（Aの帽子と違う色）」と答える←不正解

こうして、「2人のうち少なくとも1人」は確実に自分の帽子の色を当てることができるわけです。

| 正解 | 1人は相手の帽子の色と「同じ色」を宣言する。もう1人は相手の帽子と「違う色」を宣言する。 |
| --- | --- |

**まとめ** 考えられる選択肢が複数ある場合も、抽象度を高めて特定のパターンに限定できると、とるべき対策も明確かつシンプルになることがあります。今回は結果が2パターンに抽象化できる問題だったため、2人でわりと簡単に対策ができました。まあ、もっと難しい問題があるんですけどね。ふふ。

## POINT

- 事実に対して抽象度を高めて考える、つまり「縦にズラす」思考によって、共通点が見えたりパターンが絞れたりすることがある

# 複数の可能性を
# シンプルにできるか？

抽象度を上げて考える感覚がつかめたでしょうか。では、さらに
**難易度を上げた問題**にも挑戦してみましょう。

# ３３％の帽子

A,B,Cの３人は帽子をかぶらされ、円形に座っている。
自分の帽子は見えないが、他人の帽子は見える。
しかしお互いにコミュニケーションはとれない。

帽子の色は「赤」か「青」か「白」だが総数はわからない。
３人とも赤、３人とも違う色、ということもありえる。

３人は同時に「自分の帽子の色」を宣言して、
３人のうち少なくとも１人が正解しなければならない。
３人は帽子をかぶらされる前に相談ができる。

**どのような戦略をとればいいだろうか？**

**解説** 先ほど紹介した「50％の帽子」の上位問題です。ただ、解き方まで同じとは限りません。3人になったことで、異なる戦略が求められるかもしれません……。

**ヒント1** 帽子の組み合わせを「3パターン」に絞る
**ヒント2** 帽子の色を「別のもの」に置き換える

# 3パターンに抽象化するには

ぱっと見、わけがわかりません。

「Aが白で、Bが青で、Cも青だったら……」
　帽子の組み合わせを考えていくと袋小路に迷い込みます。
　A,B,Cの3人がそれぞれ3色の帽子をかぶる組み合わせは、「3 × 3 × 3 ＝27」通り。
　細かく考えていくとキリがありません。

　こんなときに有効なのが、**パターンを限定すること**。
　先ほどの「50％の帽子」の解説を思い出してください。
「赤赤」「赤青」「青青」という3通りの組み合わせを、「2人とも同じ色」「2人とも違う色」の2パターンに抽象化しました。
　これによって、それぞれの場合に正解になる解答を、2人がそれぞれ解答できました。

　今回の問題も、なんとかして**3人の帽子の色のパターンを「3つ」に抽象化**できれば、あとは3人がそれぞれのパターンでの正解を宣言するだけで完了です。
　では、いったいどのようにパターンを抽象化すればよいのでしょう？

# 帽子の色を「あるもの」に変換する

27通りの組み合わせを、3つのパターンに抽象化する……。

たとえば「50%の帽子」と同じ手法で抽象化するとどうでしょうか。「全員が同じ色」「全員が違う色」「Aだけ違う色」「Bだけ違う色」「Cだけ違う色」……5つのパターンに分けるまでが限界ですね。

では、どうすればいいのか。

結論から言うと、

## 帽子の色を数字に置き換える

これで、状況をシンプルにできます。

帽子の色を以下の数字に置き換えてみます。

> 赤 = 0　青 = 1　白 = 2

こう考えたとき、3人の帽子の色の合計値は、**3で割ったときに「余り0」「余り1」「余り2」の3パターンしかありません。**

たとえば3人の帽子が「赤」「青」「白」なら、色の合計値は3。
合計値3を3で割ったら「余り0」です。
3人の帽子が「青」「青」「白」なら、色の合計値は4。
合計値4を3で割ったら「余り1」です。

つまり、3人の帽子の合計値を3で割ったときに、余りが

> ●0になる　●1になる　●2になる

の3パターンのみに組み合わせを抽象化できました。

## 役 割 を 決 め て 宣 言 す る

組み合わせを3パターンに絞れたら、あとは簡単です。

事前に3人で相談して、それぞれが、この3パターンそれぞれの場合に正解になる解答をすればいいのです。

> A：他の2人の帽子を見て、3人全員の合計値を3で割った余りが
> 0になるように自分の帽子の色を宣言する
> B：他の2人の帽子を見て、3人全員の合計値を3で割った余りが
> 1になるように自分の帽子の色を宣言する
> C：他の2人の帽子を見て、3人全員の合計値を3で割った余りが
> 2になるように自分の帽子の色を宣言する

これでいかなる組み合わせでも、3人のうちかならず1人は自分の帽子の色を当てられます。

## 検 証 し て み よ う

たとえば、3人の帽子が以下の状況になったとします。

> Aの帽子：青
> Bの帽子：青
> Cの帽子：白

事前に決めたルールで、帽子の色をそれぞれ数字に変換すると、

> Aの数字：青＝1
> Bの数字：青＝1
> Cの数字：白＝2

となります。

以下は3人それぞれの思考です。

A：合計値の余りが0になるよう宣言する

「BとCの合計は3だから、3で割った余りを0にするために、私は赤（0）と答える」←不正解

B：合計値の余りが1になるよう宣言する

「AとCの合計は3だから、3で割った余りを1にするために、私は青（1）と答える」←正解

C：合計値の余りが2になるよう宣言する

「AとBの合計は2だから、3で割った余りを2にするために、私は赤（0）と答える」←不正解

このように、少なくとも1人は、自分の帽子の色を当てられます。

| 正解 | 帽子の色を数字に変換し、<br>3人それぞれ以下を宣言する。<br>「合計値を3で割った余りが0になる帽子の色」<br>「合計値を3で割った余りが1になる帽子の色」<br>「合計値を3で割った余りが2になる帽子の色」 |
| --- | --- |

**まとめ** 正直、「数字に置き換える」という方法が自力で浮かんだ人はわずかだと思います。ですがこの手法は、論理的思考問題ではたまに登場します。抽象的な概念や集計の難しい情報も、別のものに置き換えてみると、比較したり一元的にとらえたりできるのです。「置き換えて考える」、便利な思考ではあるので押さえておきましょう。

## POINT

● 数字など別のものに置き換えることで、情報を整理できる
● 数字は持てる情報量が少ないため、シンプルに整理しやすい

# 法則の攻略法を見抜けるか？

難易度 ★ ★ ★ ★ ★

事実を整理して真実を導く思考力があれば、カオスに見える状況からも法則を見抜けるかもしれません。**世界的に有名な難問**に挑戦してみましょう。

## シュレディンガーの猫

1〜5の番号が書かれた5つの箱がある。
箱は1,2,3,4,5の順で一列に並んでいる。
この箱のどれか1つに猫が隠れており、
夜になるとかならず、1つ隣の箱に移動する。
朝になったとき、あなたは1つだけ箱を調べて、
そこに猫がいるかどうか確認できる。

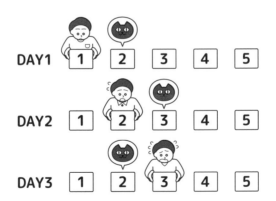

DAY1　1　2　3　4　5

DAY2　1　2　3　4　5

DAY3　1　2　3　4　5

どうすればあなたは、
猫を確実に見つけられるだろうか？

……無理難題感。猫は１日１回移動するのに、調べられる箱は１日１つだけ。順番に調べたとしても、昨日調べた箱に猫が入れ違いで移動してくる可能性とか、まだ調べていない箱をずっと往復している可能性とか。考え出したらキリがありません。そんな永遠のイタチごっこに、解決策はあるのでしょうか？

ヒント1 まずは「シンプルな例」から考えてみる
ヒント2 猫が移動する「パターン」に着目する

## 意外と機械的な「猫の動き」

　１日目に１の箱を開けて猫がいなかったとしても、猫は２の箱に隠れていて、翌日には１の箱に移動しているかもしれません。

　１日目と２日目の両方とも１の箱を調べて見つからなかったとしても、猫が「３→２→１」と移動して、３日目には１の箱にいる可能性もあります。

　少し考えてみても相当にやっかいな問題です。

　ただ、突破口がないわけではありません。

　具体的に言うと**「箱を調べたが猫はいなかった」という情報自体が非常に大きな手がかりになります。**

　「猫がいる可能性のある箱」を限定できたわけですから。

　そうです。見かけよりも「猫の動き」はかなり限定的です。

## 複雑な問題に対する３つの戦略

　ここで、複雑な問題に対処するときの３つの戦略をご紹介します。

① 仮定
② 単純化
③ 場合分け

「仮定」は、これまでにもやってきましたね。

たとえば最初に1の箱を開けてネコが見つからなかったとして、「では猫が2の箱に隠れていたとしたら？」と考えていくことです。

ですが今回の場合は箱が5つもあることから、すべての可能性を仮定して考えることはかなり難しいと言えるでしょう。

そこで役立つのが、2つ目の「単純化」です。

たとえば「もし箱が3つなら？」など、シンプルなパターンで考えてみることです。

この場合、どうなるでしょうか？

最適なのは、1日目に「2」の箱を確認することです。

そこに「猫がいなかった」場合、それは「猫は1か3のどちらかの箱に隠れている」ということがわかります。

なので2日目も「2」の箱を確認すれば、1日目に「1」もしくは「3」にいた猫が移動しているため、かならず見つけることができます。

箱が3つのときは簡単でした。

では箱が5つの場合はどうすればいいのでしょう。

ここで、3つ目の方法である「場合分け」をしてみます。複数の可能性が考えられるときに、**その可能性を「いくつかの場合に分けて考える」**ことです。

先ほどの「帽子」の2問でやったパターン分けが、これですね。

今回の場合、猫が隠れられる箱は5つありますが、これを「場合分け」できないか考えてみましょう。すると……

**箱の選択肢は「偶数の箱」か「奇数の箱」かの、2パターンに分けられます。**

場合分けすることで、考えるべき可能性がシンプルになります。

これなら「仮定」もしやすくなります。

では、それぞれのケースで対策を立てていきましょう。

## 1日目に猫が「偶数」の箱にいる場合

まずは、1日目に猫が「偶数」の箱にいると仮定して考えてみます。

> ● 1日目：
> 猫は「2」か「4」にいるので、まずは「2」の箱を調べます。
> 「2」に猫がいる場合、ここで終了です。
> 「2」に猫がいない場合、猫は「4」に隠れています。
>
> ● 2日目：
> 「3」の箱を調べます。
> 猫が「4」から「3」に移動した場合、ここで発見できます。
> しかし猫が「4」から「5」に移動した場合は、見つかりません。
>
> ● 3日目：
> 「4」の箱を調べます。
> 2日目も猫が見つからなかった場合、猫は「5」にいたということなので、3日目には「4」の箱にいます。

これで猫を見つけられました！

つまり猫が1日目に「偶数の箱（2か4）」に隠れている場合、

> 「2」→「3」→「4」

の順で箱を調べれば、遅くとも3日目には猫を確実に発見できます。

# 1日目に猫が「奇数」の箱にいる場合

さて次は、1日目に猫が「奇数」の箱にいる場合を考えてみます。

といっても、複雑な考察はいりません。

なぜなら、先ほどの「偶数の箱」に隠れている場合の戦略で、

> ## 1日目「2」→2日目「3」→3日目「4」

の順で箱を調べて猫が見つからなかった場合（つまり猫が最初に「奇数」の箱にいた場合）、**4日目に猫は「偶数の箱」にいるからです。**

もし猫が1日目に偶数の箱に隠れていたなら、先ほどの戦略でかならず3日目までに見つけられます。

それなのに見つからなかった場合は、猫が1日目に隠れていたのは「奇数の箱（1か3か5）」だったということです。

その場合、3日目の確認終了時に猫が隠れているのも「奇数の箱（1か3か5）」のいずれかです。

「1日目：奇数の箱」→「2日目：偶数の箱」→「3日目：奇数の箱」と移動しているからです。

ということは**4日目、猫は「偶数の箱（2か4）」に隠れています。**

つまり、先ほどの「猫が偶数の箱にいる場合」と同じ戦略が使えます。

そこで、ここから再び、

> ## 4日目「2」→5日目「3」→6日目「4」

と調べることで、遅くとも6日目には確実に猫を見つけられます。

> ## 「2」→「3」→「4」→「2」→「3」→「4」

なお、5つの箱は対称的であるため、順序は逆でも問題ありません。「4」→「3」→「2」の順に確認しても成功します。

> 「2」→「3」→「4」→「2」→「3」→「4」
> 「2」→「3」→「4」→「4」→「3」→「2」
> 「4」→「3」→「2」→「2」→「3」→「4」
> 「4」→「3」→「2」→「4」→「3」→「2」

猫を確実に見つけるための探索手順は以上の4通りです。

| 正解 | 「2」→「3」→「4」→<br>「2」→「3」→「4」<br>この順で確認していけば、<br>遅くとも6日目には<br>猫を確実に発見できる |
|---|---|

**まとめ** やっかいではあれ、規則性があるからこそ、その穴を見抜ければ解ける問題でした。そう考えると、現実世界の猫の方が何倍もやっかいですよね。ちなみにこの問題は、Google、Microsoftといった世界的IT企業の採用試験でも出題されているそうです。複雑な問題に取り組む仕事だからこそ、法則を見抜いてシンプルに考える力が求められるのかもしれませんね。

**POINT**

● 複雑な問題に対処するときの基本「仮定・単純化・場合分け」を使って、まずはシンプルな場合から考えてみると糸口が見えてくる

# 究極の論理的思考を
# 使いこなせるか?

難易度 ★ ★ ★ ★ ★ + ★ ★

この章も、いよいよ最後の問題です。先ほどの「天国への道」に
似た問題ですが、**ある大きな違いがあります。**ここまでの論理的
思考を総動員して、この超難問に挑戦してみましょう。

## 天国への階段

あなたの目の前にふたつの階段がある。
どちらかが天国行きで、どちらかが地獄行きだ。
そして階段の前には、3人の門番が立っている。

門番は「いつも真実を言う天使」「いつも嘘をつく悪魔」
「気まぐれで真実も嘘も言う人間」のいずれかだが、
外見では見分けがつかない。

そして、門番は「Yes」か「No」しか言わない。
あなたは、「誰か1人に質問する」ことが2回できる。

### どのように質問すれば、
### 天国行きの階段を知ることができるだろうか?

なお、門番たちは互いの正体を知っている。

問題の設定や、求められていることはシンプルです。やっかいなのが、気まぐれで真実も嘘も言う「人間」という存在。この章の１問目にも登場した存在が、再び立ちはだかります。少し考えてみると、かなりやっかいであることに気づきます。問題を解くためには、かなり卓越した発想が必要になりそうです。

**ヒント1** 「天使」「悪魔」「人間」を特定する必要はない
**ヒント2** １回目に質問する相手と、２回目に質問する相手は異なる
**ヒント3** 「人間」さえいなければ、「天国への道」と同じになる

# 邪魔すぎる「人間」という存在

　以前に解いた「天国への道」と似たシチュエーションですが、今回は相手が３人に増えています。

　ですが、問題なのは人数ではありません。

「人間」という存在です。

　相手が「天使」と「悪魔」だけなら、「私が『〜〜？』と尋ねたら、あなたは『Yes』と答えますか？」という二重質問で、正解がわかります。

　ですが人間は、気まぐれで真実も嘘も言う存在。つまり、

**二重質問の最初の質問には「真実」を言い、後の質問には「嘘」をつく可能性もあるのです。**

　つまり「人間」の回答から得られる情報はなく、問題解決において何のプラスにも働きません。

**「人間」には、二重質問が効かないのです。**

　では、どうすればいいのでしょう？

## まず、やるべきこと

この問題には2重の「不明」が潜んでいます。

> ① 誰が人間なのか、そうでないのかがわからない
> ② どの階段が天国への道なのかわからない

「人間」からは何も手がかりを得られないため、1つ目の不明を解かずに、2つ目の不明を解くのは難しいでしょう。
　一方で、質問も2回できます。
　そこで1回目の質問では、まず**「少なくとも人間ではない門番」を特定**しましょう。

　3人の門番は「Yes」か「No」しか言えないため、「人間は誰ですか？」と聞いても答えられません。
　よって、最初にすべき質問は、

> 「『○○○は人間？』と尋ねたら、あなたは『Yes』と答えますか？」

です。
では、それぞれ見ていきましょう。

## 1回目の質問

　1回目の質問をする相手は誰でもかまいません。
　というか、見た目で区別ができないので、とりあえず誰かに質問するしかありません。
　仮に、3人の門番をA,B,Cとして、1回目はAに質問してみます。
　あなたはAに対し、以下の質問をします。

> 「『Bは人間？』と尋ねたら、あなたは『Yes』と答えますか？」

Aが「天使」「悪魔」それぞれのケースで、返答を考察してみましょう。

## Aが天使の場合

| あなたの質問 | Bが人間の場合の回答 | Bが悪魔の場合の回答 |
|---|---|---|
| 「Bは人間?」 | Yes | No |
| と聞かれたらYESと答える? | Yes | No |

当然、答えが「Yes」なら「Bは人間」、「No」なら「Bは悪魔」です。

## Aが悪魔の場合

| あなたの質問 | Bが人間の場合の回答 | Bが天使の場合の回答 |
|---|---|---|
| 「Bは人間?」 | No | Yes |
| と聞かれたらYESと答える? | Yes | No |

答えが「Yes」なら「Bは人間」、「No」なら「Bは天使」です。

つまり、Aが天使であろうと悪魔であろうと、この質問に「Yes」という答えが返ってきたらBは「人間」です。

そして、**Cは人間ではないとわかります。**

そのため、2回目の質問は人間ではないCに対して尋ねます。

「もう一度Aに聞くのではダメなの?」と思うかもしれませんが、理由は後ほど説明します。

では、1回目の質問のAの答えが「No」だった場合は?

その場合は、少なくともBは人間ではありません。

そのため、2回目の質問は人間ではないBに対して尋ねます。

## もしもAが人間だったら?

これで、「人間ではない」存在を特定できました。

ですが、こう思った人もいたのではないでしょうか。

「もしＡが人間だった場合は、そうはいかないのではないか」

たしかにＡが「人間」の場合、返答の内容に信憑性がなくなります。
だから、Ａの返答がどのような内容であったとしても、

**２回目の質問はかならずＡ以外の人にするのです。**

　たとえＡが「人間」であり、１回目の質問の回答に信憑性がなかった
としても、２回目の質問をＡ以外の相手にすることで「人間以外の人に
質問する」という目的を果たせるのです。

　これで、２回目の質問は確実に「人間ではない相手」にできます。

## ２回目の質問

ここまで来れば、あとは「天国への道」と同じです。
どちらかの階段を指差し、ＢもしくはＣの人間ではない方に、

「『この階段は天国行き？』と尋ねたら、あなたは『Yes』と答えま
すか？」

と質問します。
　その相手が「天使」であっても「悪魔」であっても、答えが「Yes」
なら指差した階段が、答えが「No」ならもう一方の階段が、天国行き
であるとわかります。

| | |
|---|---|
| 正 解 | 3人の門番をA,B,Cとする。<br>まずAに対し、「『Bは人間か?』と尋ねたら、<br>あなたは『Yes』と答えますか?」と質問する。<br>答えが「Yes」なら次の質問はCに、<br>「No」なら次の質問はBに尋ねる。<br>次に、一方の階段を指差しながら、<br>「『この階段は天国行き?』と尋ねたら、<br>あなたは『Yes』と答えますか?」と質問する。<br>答えが「Yes」なら指差した階段が、<br>「No」ならもう一方が天国への階段。 |

**まとめ**　「否定」に「否定」を重ねると「真実」になる。そのテクニックを用いた解法は「天国への道」と同じでしたが、それに加えて「人間」という存在が難易度を上げていた問題でした。その存在を排除することさえできれば、あとはシンプルに解けましたね。二重質問に、二重質問を重ねる。まさに論理的思考の最高峰と言える問題です。

## POINT

- 「どうすればわかるか」だけでなく、「何があるからわからないのか」を特定し、要因を排除することで、シンプルに考えられる

# 批判思考

のある人だけが
解ける問題

いっけん正しく見える解釈や論理を、

「本当にそうか?」と問い直す。

それが、批判思考です。

英語では「クリティカル・シンキング」と呼ばれます。


論理的思考を説明した際の

「雲・雨・傘」を再び用いるなら、

「『雲があると雨が降る』と、本当に言えるのか?」

「雲以外に、気にするべきところはないのか?」

など考え、検証する姿勢を指します。


私たちの脳は意外と当てにならないもので、

数字のマジックや、

直感の落とし穴によくハマってしまいます。

でも頭のいい人は、自らを疑い、冷静な判断を下します。

そんな批判思考が問われる、14問をご紹介します。

# 事実を疑って考えられるか?

難易度 ★ ☆ ☆ ☆ ☆

批判思考とは、事実を疑って考えること。その力が問われる有名な問題を考えてみましょう。**違和感の正体に、あなたは気づける**でしょうか。

## 消えた1000円

あなたは、2人の同僚と一緒にホテルに泊まりに来た。宿泊料は1人1万円、合計3万円を受付係に渡した。ところがその後、3人の場合、宿泊料は2万5000円だったと気づいた受付係は、5000円を返そうとした。

しかし受付係は「5000円は3人で割れない」と考え、2000円をポケットにしまい、残りの3000円を3人に返金した。

**2000円**　　**2万7000円**

3万円を支払った後で3000円返ってきたので、3人は合計2万7000円を支払ったことになる。受付係がくすねた2000円を足すと2万9000円。
**残りの1000円はどこに消えたのだろう?**

ただ文章を読んでいるだけだと騙されてしまう、叙述トリックのような問題です。あらゆる事実を疑って、考えてみてください。

## 問題文は本当に正しいのか？

いっけんしただけでは気づきづらい数字上の「ごまかし」が存在します。

問題文のラスト付近をもう一度ご覧ください。

"3人は合計2万7000円を支払ったことになる。

受付係がくすねた2000円を足すと2万9000円。

残りの1000円はどこに消えたのだろうか？"

「3万円を支払った後で3000円返ってきたので、合計2万7000円を支払ったことになる」という計算は合っています。

問題なのは、「**受付係がくすねた2000円を足すと2万9000円**」という一文。ここに注目です。

3人が払った2万7000円は、「正規の宿泊料2万5000円」に「受付係がくすねた2000円」を足したものです。

つまり「2万7000円に2000円を足すと2万9000円になる」のではなく、「**2万7000円から2000円を引くと2万5000円になる**」というのが正しい文章です。

## お金の所有内訳を確認してみよう

わかりづらいので、お金の所有内訳を時系列で見てみましょう。

> 3人：−3万円
> 受付係：5000円
> ホテル：2万5000円

マイナスとプラスの金額は釣り合っています。

その後、受付係が3000円を返すと……

> 3人：－2万7000円
> 受付係：2000円
> ホテル：2万5000円

　ここでもマイナスとプラスが釣り合っていて、何の問題もありません。

　3人が2万7000円を支払い、受付係とホテルが2万7000円を受け取っただけです。

　問題文では、この後に「受付係がくすねた2000円を足すと2万9000円」とありますが、その記述が混乱をもたらした原因であるとわかります。

　つまり1000円は消えたのではなく、

**消えたように書かれていただけなのです。**

| 正解 | 1000円は消えていない |
|---|---|

　**まとめ** それがさも当たり前のように書かれていると、つい信じてしまいます。だから、何事も「しっかり確認する」ことは大切です。「数字をもちだして事実を煙に巻く言い方」は人を騙す際にも多用されるため、とくに注意したいですね。

### POINT

- 当たり前のように語られていることが正しいとは限らない
- あらゆる情報を検証して考える姿勢が大切

# 結論ありきで考えていないか?

難易度 ★ ☆ ☆ ☆ ☆

批判思考の土台となるのは、**瞬間的な印象に流されずに考える姿勢**です。ぱっと見で結論を出したくなる問題に、冷静に向き合えるでしょうか?

## 世界一単純な問題

AはBを見ている。
そして、BはCを見ている。

Aは結婚しているが、Cは独身である。

このとき、
「結婚している人が、独身の人を見ている」
という一文は

**つねに正しいと言えるだろうか?**

**解説** はじめてこの問題を見たとき、「ファッ!?」と口に出して驚きました。だってどう考えても、「これだけでは決められない」としか思えなかったからです。だけどそこは論理的思考問題。ちゃんと答えが出る問題でした。SNSでも度々話題になる、論理的思考問題史上、最もシンプルで面白い一問だと思います。

## 謎に包まれたBのステータス

問題文からわかっているのは、

A＝結婚している
C＝独身

ということだけであり、Bは「結婚している／独身」が不明です。つまり3人の関係はそれぞれ、

A（結婚）→B（？）→C（独身）

という図式になり、「結婚している人が独身の人を見ている」という命題に「いつもかならず正しい」とは言えない……はずです。

## 検証すると見えてくる答え

ですが、**実際に検証してみると、そうではないことがわかります。**
答えを言ってしまうと、

**Bが「結婚している／独身」のどちらであっても命題は正しく成立します。**

では、検証してみましょう。

- B が結婚している場合
  A（結婚）→ B（結婚）→ C（独身）

- B が独身の場合
  A（結婚）→ B（独身）→ C（独身）

このように、B が結婚していようがいまいが、「結婚している人が独身の人を見ている」という状況は、つねに成立するのです。

| 正解 | 「結婚している人が、独身の人を見ている」という一文はつねに正しいと言える |

**まとめ** 検証するだけで解ける、最もシンプルな問題でした。与えられている情報量が少ないからといって、すぐに「そんなはずがない」「わかるはずがない」とあきらめてはいけないと教えてくれます。情報を集めきってからでないと問題は解けないと思いがちですが、手元にある情報を使って検証してみると、意外とそれだけで答えが導けたりすることもあるんですね。

**POINT**

- 情報が少ないからといって、「わかるわけがない」という結論に飛びつかず、「まず考えてみる」という姿勢を大事にする

# 直感の落とし穴に気づけるか?

難易度 ★ ☆ ☆ ☆ ☆

真実を導くときに最大のハードルとなるもの、それは人間の直感だったりします。**自分をも疑う姿勢を身につける**のに最適な問題に、挑戦してみましょう。

## 2回目の競走

あなたはライバルと100メートル走をすることになった。

1回目の競走で、あなたは負けてしまった。
ライバルがゴールした瞬間、
あなたはまだゴールの10メートル手前を走っていた。
そこで2回目はハンデとして、
ライバルはスタート地点の10メートル後ろから走った。

**2回目の競走で勝ったのはどちらだろうか?**

なお、あなたとライバルはつねに一定の速度で走る。

解説 差がついた分のハンデをつけたのだから、同時にゴールするのでは？　こんなの一瞬でわかりますよ。余裕です。……そんな直感で判断すると、間違えやすい問題です。

## 1回目の競走でわかること

　まず、1回目の100メートル走からわかることを確認してみましょう。

　2人が走る速度は各々がつねに一定ですから、1回目の競走で、

**ライバルが100メートル走る時間 = あなたが90メートル走る時間**

であるとわかりました。

　つまり、（当然ですが）ライバルの方が足が速いと言えます。

## 2回目の競走を検証する

　2回目の100メートル走では、ライバルはスタート地点より10メートル下がった地点からスタートしました。

　つまりゴールまで、ライバルは110メートル、あなたは100メートル走ったことになります。

　1回目の競走で、ライバルが100メートル走る間に、あなたは90メートル走るとわかっています。

　ライバルにとって100メートル、あなたにとって90メートルの地点、つまり……

**ゴール手前10メートルの地点で2人は並びます。**

　そして、ゴールまでは残り10メートルあります。

　その間、足が速いライバルがあなたをわずかに追い抜くため、ライバルが先にゴールします。

## 正解 | 2回目もライバルが勝った

**まとめ** 2回目の勝負で10メートルのハンデをつけられるなら、「あなたがスタート地点から10メートル進んだ位置から走りはじめる」とすべきでした。そうするとゴール地点で2人が並ぶことになり、少なくとも引き分けが狙えます。いっけん同じように見える提案（ハンデのつけ方）であっても、中身は大きく違うこともあるのです。なんとなくの印象で信じると直感の落とし穴にはまってしまうと、教えてくれる問題でした。

### POINT

- 人間の直感は意外とあてにならない
- 明らかに正しいと思えることほど、しっかり考えてみることが大切

### Column 1 | 疑似相関

批判思考を身につけるうえで知っておきたいのが、「疑似相関」です。統計学でよく使われる言葉で、「見せかけの相関」「見かけ上の相関」とも言います。

たとえば、「8月にアイスクリームが売れている」「夏はプールでの事故が多い」という事実があるとします。これを見て「アイスクリームがプールでの事故を誘発している」と考えるのは、おそらく間違いでしょう。どちらも単純に「夏の暑さ」によって引き起こされたことです。

このように、本当は無関係なのに見えない要因によって因果関係があるように見える現象が、疑似相関です。いっけん関係がありそうに見えるときこそ、批判思考を働かせて冷静に判断したいですね。

# 都合のいい思い込みを捨てられるか?

難易度 ★ ★ ☆ ☆ ☆

直感を疑うことは簡単ではありません。そこでもう1問、同様の問題を考えてみましょう。いっけん、**考えるまでもなさそうな問題**ですが……。

## 逆風の飛行機

A,Bという2つの空港がある。
いまあなたは、飛行機でAを出発してA,B間を往復する。
A,B間が「無風」のときとくらべて、
「AからBへ、つねに風が吹いている」とき、

**飛行機の往復時間はどうなるだろうか?**

以下から選んでほしい。

『変わらない』
『無風のときより長くなる』
『無風のときより短くなる』

なお、飛行機のエンジン回転数や風速は一定とする。

**解説** たぶん、「最も正解ではなさそう」と感じた選択肢が正解です。シンプルで古典的な問題ですが、正解に辿り着ける人はごくわずか。批判的な思考で挑みましょう。

## 直感を裏切る正解

これは正解の意外性が面白い問題なので、先に解答をお伝えしてしまいましょう。答えは……

**無風のときよりも、風が吹いているときの方が飛行機の往復時間は長くなります。**

直感に反する解答なので驚いた方も多いでしょう。

ふつうに考えたら「無風」のときと「風が吹いている」ときとで、所要時間は変わらないはずです。

AからBに向かって風が吹いているとき、飛行機は「行き」では追い風で早く到着し、「帰り」では向かい風により遅くなる──。

「行き」で早く着くから、「帰り」で遅れた分は相殺されるはずなのに。

いったい、何が起こっているのでしょう?

## 逆風の脅威

ポイントとなるのは「逆風」です。

結論から言うと、「行きは早く着いて、帰りはその分だけ遅くなる」という直感が落とし穴です。

簡単な例で考えてみましょう。

空港A,B間の距離:600km
無風のときの飛行機の速度:時速200km

であるとします。

このとき、飛行機の往復時間は、

> 行き：3時間　　帰り：3時間

となり、合計6時間です。

では、「AからBに向かって風速（時速）100kmの風が吹いている」場合の往復時間を求めてみましょう。

行きは追い風なので、

> 時速200km ＋ 風速100km＝飛行機の速度は時速300km
> →所要時間は2時間
> （実際は風速がそのまま速さに加算されたりするわけではありませんが、計算しやすいように単純化しています）

そして帰りは向かい風なので、

> 時速200km － 風速100km＝飛行機の速度は時速100km
> →所要時間は6時間

つまり飛行機の往復時間は

> 行き：2時間　　帰り：6時間

となり、合計8時間。

なんということでしょう。

風が吹いているときの方が、往復時間は2時間も長くなっています。

## 無限の逆風

なぜこのようなことが起こるのか？

それは、追い風による加速と、**向かい風による減速は性質が異なる**からです。

極端な例で考えてみましょう。

風速が「飛行機の速度」とまったく同じである場合を想定してください。

> 空港A, B間の距離：600km
> 無風のときの飛行機の速度：時速200km
> AからBに向かって吹く風の速度：風速（時速）200km

この場合、前に進もうとする飛行機本来の時速と、それを押し戻そうとする風速が釣り合っています。つまり理論上……

**BからAに帰ろうとする飛行機は１ミリも前に進めません。**

飛行機は永久にBからAに戻れないので「A, B間の往復時間」は無限になってしまうのです。だから、風はない方がいいのです。

| 正解 | 無風のときより長くなる |
|---|---|

**まとめ**「抵抗がある方が、結果的には遅くなる」。これは同じような条件下であれば、どんな状況でも成り立ちます。「ふつうに歩いて100メートル往復 VS 動く歩道上での100メートル往復」「ふつうのプールで10メートル往復 VS 流れるプールで10メートル往復」。いずれも後者の方が往復時間は長くなります。計算すればわかることですが、「行きで速くなったのと同じ分、帰りは遅くなるはず」と、都合よくつじつまを合わせようとして考えてしまいがちなのです。

## POINT

● 「なんとなく、こうかな？」というときほど、しっかり検証してみる
● 極端な場合を考えると「例外」に気づける

# 思考の盲点に気づけるか？

先入観によって思考の範囲が狭まり、真実に気づけないことも
あります。次の問題、**考えるべきポイントに正しく目を向けられる**
でしょうか？

## すれ違う船の謎

毎日正午に、日本からオーストラリアへ向かって、
定期船が出航する。
同時にオーストラリアからも、
日本へ向かって定期船が出航する。

どちらの航海も、ちょうど7日7晩かかる。

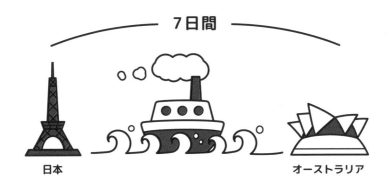

**7日間**

日本　　　　　　　　　　　　　　オーストラリア

では今日、日本を出航した定期船は、
オーストラリアに到着するまでに、

**海上で何回、定期船とすれ違うだろうか？**

考えるまでもない単純な問題のように思えますが、そんなとき こそ「批判思考」の出番です。直感で飛びついた結論を疑って考えてみ ると、真実に辿り着けるでしょう。

## パッと浮かぶ答えに要注意

「いや、7回でしょ」

そんな感じで即答できそうですが、なんとなく察していただいたとお り、**答えは7回ではありません。**

航海にかかる日数は7日で、1日に1隻が出発するから、計7隻とす れ違う……ように思えます。

しかしじつは、これだけでは不十分です。

## 問題の世界にも「過去」はある

見落としている観点があります。

それは、海の上ですれ違うことになるのは「これからオーストラリア を出発する船」だけではないという点です。そう……

### 過去7日間でオーストラリアを出発していた船

とも、海上ですれ違うことになります。

それらの船はすでに出発して海上にいて、日本に向かっています。

当然、オーストラリアに向かう途中ですれ違うことになるわけです。

つまり、こういうことです。

- 日本の港の出発時に、オーストラリアから7日間の旅を終えて到 着する1隻とすれ違う
- 日本からオーストラリアへ向かう海上で13隻とすれ違う
- オーストラリアの港の到着時に、いまオーストラリアを出発する 1隻とすれ違う

図にすると、こんな感じです。

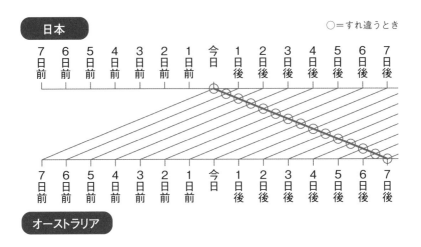

このように、合計15隻の船とすれ違うことになります。

| 正解 | 15回 |
| --- | --- |

**まとめ** 24時間ごとに1回すれ違うわけではなく、12時間ごとに1回すれ違うわけですね。1日に1隻の船が出ると聞いて、「すでに海上には7隻の船がいる」と、現状の認識をアップデートできるかどうかがポイントでした。問題の状況から思考をはじめず、そこに至るまでの「過去」にも目を向けることの大切さを教えてくれる問題ですね。

### POINT

- 時間軸を俯瞰して考えるときは、未来だけでなく「過去」にも目を向けることで、現在を正しく把握できる

# 「％」の罠を
見抜けるか？

難易度 ★ ★ ☆ ☆ ☆

情報の性質が変わることも、思い込みの罠にはまる原因のひとつです。とくにややこしいのが「％」。この問題、冷静に思考できるでしょうか？

## ２００個の製品

とある工場に２００個の製品がある。

ところが、２００個のうち99％が不良品であるとわかった。
なんとか不良品を外に出して、
工場内にある不良品の割合を98％に減らしたい。

**不良品をいくつ外に出せばいいだろうか？**

「簡単だな！」と思った方は罠にはまっている可能性がありま
す。本当にその答えで合っているのか、もう１回だけ考えてみてくださ
い。ちなみに正解は「２個」……ではありません。隠蔽工作なんて、そ
うそううまくはいかないものです。

# 「％」の不思議

前提を確認しましょう。
工場には200個の製品があり、そのうち99％が不良品です。

> ### 200 × 0.99 = 198

つまり200個のうち、不良品が198個で、良品が２個です。
では、工場にある不良品の割合を98％に減らすためには、何個の不良
品を外に出せばいいのでしょうか？
この問題では、

**多くの人が直感で「２個」と答えてしまいます。**

「全体が200個＝１％は２個＝２個減らせば１％減る」
という思考によってです。わかります。
でも、本当にそうなのか？　実際に検証してみましょう。
不良品を２個減らすと、不良品は196個に。良品は２個のままなので、
合計198個となり、不良品の割合は以下となります。

> ### 196÷198＝0.9898989……

はい、**98％ぴったりにはなりませんでした。**
不良品を減らすことで、全体の個数（分母）も減ってしまうためです。

# 予想外の解答

　不良品を2個減らしただけでは98％にはなりませんでしたが、確実に割合は下がってはいます。

　つまり、不良品を減らし続けていけば、いつか98％になります。

　では、その数とはいくつなのか。それは……

### 100個です。

　「多すぎる」と思うかもしれませんが、検証するとわかります。

　不良品を100個減らすと、不良品は98個。

　良品は2個のままなので、全体は100個。つまり割合は、

$$98 \div 100 = 0.98$$

　98％になりました。100個の不良品を外に出すことで、ようやく「不良品98個、良品2個」となり、不良品の割合を98％にできるのです。

| 正解 | 100個の不良品を<br>工場の外に出す |
|---|---|

**まとめ** 素早く計算ができる人ほどひっかかりやすい問題でした。実際に計算してみれば簡単にわかりますが、暗算でスピーディーに答えなければならない状況だと多くの人が間違えると思います。割合など、「％」を求める計算は慎重におこなうのがいいと思います。

### POINT

- 「％」はパッと見の印象と実態が異なることが多いので、しっかり検証することが大事

# 視覚的に考えることが
# できるか？

難易度 ★ ★ ★ ☆ ☆

直感を信じる怖さがおわかりになったかと思います。その一方で、
じつは**直感の落とし穴から逃れる最適な方法**があるんです。

## ある国の出産計画

ある国の親は、全員が女の子を授かりたいと思っている。
どの家庭も女の子が生まれるまでは子供が増え続け、
女の子が生まれると子供をもつのをやめる。

### では、この国の男の子と女の子の比率は？

なお、子供が生まれるのは毎回1人ずつで、
男女の生まれる確率は50％ずつとする。

**解説** どの家庭も女の子をほしがっていて、女の子が生まれると、子供をもつのをやめる。つまり男の子は、女の子が生まれるまで何人でも生まれます。ふつうに考えたら、男の子の数が多くなるに決まっている……ように見えますが、そうとも言いきれないのがこの問題の面白いところ。ちなみに、これはかなり有名な問題で、Googleなどいくつもの会社が採用試験で出題したことで知られています。

## まずはシンプルに考えてみる

最初に気づくべきは、どの家庭も**最終的に女の子の数は1人になる**ということです。

すなわち女の子の数は、家庭の合計数より多くなることはありません。

さて、女の子の数はどう考えればいいのか？
こういうときは、状況を単純化してシンプルに考えてみましょう。
この国の家庭の総数が16だったとします。
16人の母親に集まってもらい、こう呼びかけます。

> **「1人目が男の子だった人は手を挙げてください」**

男女の生まれる確率は50%ずつのため、半数の8人の母親が手を挙げるでしょう。次に、こう呼びかけます。

> **「今手を挙げた人のうち、2人目が女の子だった人は手を下げてください」**

2人目に生まれる子供の性別も50%ずつのため、半数の4人は2人目が女の子となり、手を下げます。

# 図にすると見えてくること

文章だけではわかりづらいときは、表にしてみましょう。
繰り返していくと、下の図のようになっていきます。

●＝男の子　○＝女の子

|  | 1 | 2 | 3 | 4 | 5 | 6 | 7 | 8 | 9 | 10 | 11 | 12 | 13 | 14 | 15 | 16 |
|---|---|---|---|---|---|---|---|---|---|---|---|---|---|---|---|---|
| 1人目 | ○ | ○ | ○ | ○ | ○ | ○ | ○ | ○ | ● | ● | ● | ● | ● | ● | ● | ● |
| 2人目 |  |  |  |  |  |  |  |  | ○ | ○ | ○ | ○ | ● | ● | ● | ● |
| 3人目 |  |  |  |  |  |  |  |  |  |  |  |  | ○ | ○ | ● | ● |
| 4人目 |  |  |  |  |  |  |  |  |  |  |  |  |  |  | ○ | ● |

　１人目の子供に注目すると、「男の子」と「女の子」の数は一緒です。
　２人目の子供に注目すると、「男の子」と「女の子」の数は一緒です。

**いずれも男の子と女の子は同数だとわかります。**

　たしかに、ずっと女の子が生まれない家庭もありますが、それと同じくらい、すぐに女の子が生まれる家庭もあるため、結果的に女の子と男の子の数は同数になるのです。

| 正 解 | 比率は1:1になる |
|---|---|

**まとめ**「各家庭に女の子は最大１人まで」「男の子はそのかぎりではない」という条件から直感的に考えると、間違えやすい問題でした。一方で、図にして考えると、すぐにその真実がわかりましたね。

## POINT

● 図にして考えてみることは、思い込みや先入観を払拭する最適な手段のひとつ

# 「数字」の罠を
# 見抜けるか？

難易度 ★ ★ ★ ☆ ☆

世の中には、**数字のトリックを用いた甘い罠**が多々存在します。
そういった誘惑に対しても、批判的な視点で冷静に考えること
ができるでしょうか？

## 不思議な給料アップ

あなたは上司から、2種類の昇給プランを示された。

プランAは、1年に1回、10万円ずつ昇給していく。
そして給料の支払いは、1年ごとに1年分。

プランBは、半年に1回、3万円ずつ昇給していく。
そして給料の支払いは、半年ごとに半年分。

あなたはどちらのプランを選ぶべきだろうか？

**解説** プランＡは年に10万円アップで、プランＢは半年に3万円アップ。どちらも何も、ねえ？（笑）　こんなの一択じゃないですか（笑笑笑）……そんなふうに考えていた時期が私にもありました。これもSNSで度々話題になる問題です。冷静かつ批判的に、考えてみましょう。

## 意外すぎる答え

これも正解の意外性が面白い問題なので、先にお伝えします。
じつは最終的には……

**「プランＢ」の方がもらえる給料は多くなります。**

不思議ですよね。さっそく検証していきましょう。

## 実際の「昇給ペース」を検証しよう

考えやすいように、あなたの1年間の給料を1000万円とします。
「プランＡ」なら1年ごとに全額が。
「プランＢ」なら半年ごとに半年分が、それぞれ支払われます。

まずプランＡですが、向こう3年間で支払われる給料を検証すると、こうなります。

「プランＡ」を選んだ場合
　1年目：1000万円
　2年目：1010万円
　3年目：1020万円
　3年間の給与合計：3030万円

次にプランＢは、こうなります。

「プランB」を選んだ場合
　1年目：500万円 + 503万円 = 1003万円
　2年目：506万円 + 509万円 = 1015万円
　3年目：512万円 + 515万円 = 1027万円
　3年間の給与合計：3045万円

　なんと、プランBは1年目終了の時点でプランAの年間給与を超えます。そして、そのまま両者の差はどんどん離れていきます。
　なぜこのようなことが起きるのか？　それは……

**「プランB」の方が昇給ペースが早いからです。**

## 支払額で比べてみる

　支払額を年で区切って見てみると、「プランA」は1年間で10万円増えていますが、「プランB」は1年間で12万円も増えています。
　これは、1年を前半と後半に分けて考えると気づけます。

● プランAの場合の今年の給与
　（1年前の前半の給与 + 1年前の後半の給与）+ 10万円

であるのに対し、

● プランBの場合の今年の給与
　（1年前の前半の給与 + 6万円）+（1年前の後半の給与 + 6万円）

になっているためです。
　それぞれ図で示すと、次のページのような感じです。

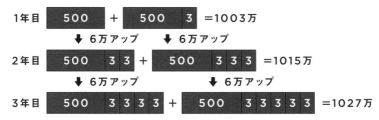

●プランA（1年に1回、10万円ずつ昇給）

1年目　500　500　＝1000万

2年目　500　500　10　＝1010万

3年目　500　500　10　10　＝1020万

●プランB（半年に1回、3万円ずつ昇給）

1年目　500　＋　500　3　＝1003万

　　↓6万アップ　　↓6万アップ

2年目　500　33　＋　500　333　＝1015万

　　↓6万アップ　　↓6万アップ

3年目　500　3333　＋　500　33333　＝1027万

　プランBの場合、「半年に3万円ずつ＝年間6万円の昇給」と考えがちですが、実際に手にする金額は前年より12万円増えるのです。

## 正解 ｜ 「プランB」を選ぶべき

**まとめ** かなり巧妙でわかりにくい罠がありましたね。理屈はわかりそうだけれど、なかなか腑に落ちない面白い問題でした。上司から似たような昇給チャンスを与えられたとき、間違えないように注意しましょう！

**POINT**

● 時間軸が異なるものの比較は直感の罠にはまりやすいので、しっかり検証する姿勢が大切

# 「確率」の罠を
# 見抜けるか？

難易度 ★ ★ ★ ☆ ☆

目には見えない可能性を数値化して考えるのが「確率」ですが、
これもまた思い込みの罠にはまりやすいので要注意です。

## 白いボールの箱

箱の中に、黒か白のボールが1つ入っている。
この箱の中に白いボールを1つ追加し、
箱をよく振ってボールを1つ取り出したところ、
白だった。

箱の中に残ったボールの色を当てるには、

**あなたはどちらの色を答えるべきだろうか？**

第2章

批判思考

「どっちを答えても確率は同じなのでは？」と思ってしまうような問題です。ですが、確率というものは見た目以上にやっかいです。たいてい直感を裏切ってきます。そう、今回のように。

## 五分五分に見えるけれど……？

"箱の中に、ボールが１つ入っている。
ボールの色は、黒か白のどちらかである。
この箱の中に白いボールを１つ追加して、
箱をよく振ってボールを１つ取り出したところ、白だった。"

……ということは、

「中に残っているのは白か黒のボール」
「ならば箱の中のボールが白い確率は50%」

ふつうに考えると、そうなります。
ですが、答えは違います。
結論から言ってしまうと、箱の中にあるのは**「白いボール」**である確率の方が高いのです。それも……

**その確率は３分の２（約66%）です。**

なぜ白いボールである確率がこんなに高いのでしょう？

## 論理的思考の極致「確率」

さて、本格的な解説に入る前に「確率」についておさらいしておきましょう。それほど難しくはないので、「確率」と聞いた瞬間に**拒否反応**が出ている方も大丈夫！

ビジネスなどの日常（プレゼンとか稟議とか）でも使う機会は多いので、

この機会に復習しておきましょう。

基本的に「何かが起こる確率」は、

> （それが起こる場合の数）÷（起こりうるすべての場合の数）

で計算できます。

「場合の数ってなんだっけ？」という人は、「パターンの数」と読み換えてください。**サイコロを振って１の目が出る確率は「１÷６＝１/６」**みたいな話です。

さて、今回の問題に戻りましょう。

仮に箱の中に残っているのが「白いボール」である場合の確率を求めるなら、

> 最後に残っているボールが白である確率
> ＝（最後に残っているボールが白であるパターンの数）÷（最後に残るボールの色のすべてのパターンの数）

で表されます。ここまでが前提です。

## 全体のパターンを確認してみる

では、問題文のシチュエーションから発生するパターンを洗い出してみます。

白を追加してそれを取り出したのだから、追加した白いボールは無視して、起こりうるパターンは、

> ● 最後に残ったボールは白
> ● 最後に残ったボールは黒

の２パターン……ではありません。

考慮すべき点があります。それは、取り出した白いボールが……

これを考えないと、正しい確率に辿り着けません。

「最初から箱に入っていたボール」を「白1」あるいは「黒」
「追加した白いボール」を「白2」

として考えると、問題文のシチュエーションから発生するパターンは次のとおりです。

| | 最初から箱に入っていたボール | 追加したボール | 取り出したボール | | 箱に残ったボール |
|---|---|---|---|---|---|
| パターンA | 白1 | 白2 | 白1 | ▶ | 白2 |
| パターンB | 白1 | 白2 | 白2 | ▶ | 白1 |
| パターンC | 黒 | 白2 | 白2 | ▶ | 黒 |

ありえるパターンは3通りです。

パターンAの場合、最後に箱に残っているのは「白2」です。

パターンBの場合、最後に箱に残っているのは「白1」です。

つまり、**可能性は3パターンあり、うち2パターンで「最後に白いボールが残っている」という結果**になります。

よって、白いボールが残っている確率は2/3（約66%）になるので、白いボールと答えるのが賢い選択です。

## この問題をややこしくしているもの

表を見るだけだとわかりづらいかもしれませんので、補足します。

最初から箱に入っていたボールの色がどちらだったかは、白が50%、黒が50%。ここは動きません。

そこからボールを1つ追加したあとも、箱の中が「白1＆白2」であ

る確率は50%、「黒＆白２」である確率は50%。ここも大丈夫です。

　わかりにくいのは、次のステップ。
**「箱の中からボールを１つ取り出したら白だった」という状況です。**
　箱の中のボールの色は２パターンしかありませんが、**そこから白い
ボールを取り出すパターンは３つある**のです。
　ボールの取り出し方における確率を出したいわけなので、必然的に
「３パターンの取り出し方」を軸に考えないといけないのです。

> ## 正解 ｜ 残っている確率が高い 「白いボール」と答える

**まとめ** 確率は直感では理解しにくいため、なかなか難しいジャンルで
す。ですが、事実を武器にできるため、論理的な説得材料としてビジネ
スで活用されるシーンは多く見受けられます。
ただし「なんか本当のことを言ってるっぽい」という納得度の高さゆえ
に、嘘やごまかしの手段としても成立します。「集客成功率100%」のフ
タを開けてみたら、開催されたのは１回だけで、それがうまくいった
だけだったり。相手が吹聴している確率が「箱の中のボールの色」の話
なのか「ボールの取り出し方」の話なのか、その違いには注意しておき
たいところですね。

### POINT

- ●「確率」は不確実な可能性を論理的に考える便利な手段
- ● 結果と手段、どちらに目を向けるかで確率は変わるので注意

第2章　批判思考

# 隠された可能性に気づけるか?

難易度 ★ ★ ★ ☆

「確率」のややこしさを感じられたでしょうか。目に見えている情報と異なるので、混乱しますよね。慣れるために、もう一問挑戦してみましょう。

## ３枚のカード

あなたの目の前に３枚のカードが置かれている。

１枚目のカードは両面が黒色。
２枚目のカードは両面が白色。
３枚目のカードは片面が黒色、もう片面が白色に塗られている。

箱の中に３枚のカードを入れてよくかきまぜ、
１枚を取り出したところ、カードの表面は白だった。

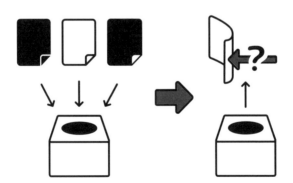

このカードの裏面が白である確率は?

**解説** いっけん、あまりにも簡単に思えます。どう考えても答えは 1 種類しかないように思えるからです。「確率も何も、そんなの黒か白かの50%なのでは？」と。ですが、ここでも直感で答えると間違えます。注意深く考えて、罠にかかることなく正解に辿り着きましょう。

## パターンを整理してみると……

ふつうに考えるなら、

**「片面が白ということは、それは（白白）か（黒白）のカードのどちらか。ならばそのカードが（白白）である確率は1/2だ」**

という展開になります。とても論理的な思考に見えますが、この論理にはひとつだけ穴があります。

そこで、パターンを書き出してみましょう。

すると、下の表のようになります。

|  | 1枚目のカード | 2枚目のカード | 3枚目のカード |
|---|---|---|---|
| 片面の色 | 黒 | 白 | 黒 |
| もう片面の色 | 黒 | 白 | 白 |

さて、表をよくご覧ください。

あなたが引いたのは「片面が白」というカード1枚です。

しかし、**それぞれのカードには「表」と「裏」の区別がありません。**

つまり、あなたが引いたカードの片面が白だった場合、可能性があるのは以下の3通りです。

- 2枚目のカードの白面を見た
- 2枚目のカードのもう片方の白面を見た
- 3枚目のカードの白面を見た

引いたカード自体は、「２枚目のカード」「３枚目のカード」のどちらか２通りです。しかし……

**「引いたカードの片面が白だった」という状況は３通りがありえるというわけです。**

　そのうち、その裏面が白であるパターンは２通り。
　したがって、２/３（約66.6％）が答えです。

正解 ｜ 　　　２/３（約66.6％）

まとめ 確率の問題は直感を裏切られるタイプが多いので、完全に理解しきるまではモヤッとするかもしれません。ただ、解けたときの爽快感がミステリーを読んでいるときみたいなので、個人的には大好きです。まあ、学生の頃は直感で回答して間違えまくっていたので、嫌いだったのですが……。

POINT

● 結果はひとつでも、そこに至る過程が複数ある場合は、可能性としても複数になる

# あらゆる事態を想定して考えられるか？

**難易度 ★ ★ ★ ☆**

目に見えている事実を検証することだけが、批判思考ではありません。**見落としている可能性**はないか、あらゆる状況を想定して考えることも大切な思考です。

## ２５頭の競走馬

25頭の競走馬がいる。
あなたはレースをさせて、足の速さトップ３の馬を見つけたい。

ただし１回のレースで走れる馬は５頭まで。
また、タイムの計測はできないため、
「Aの馬はBより速い」など、目視での確認しかできない。
そして、レースの回数はできるだけ少なくしたい。

さて、最速の３頭を見つけるために必要な
**最少のレース回数は何回**だろう？

「一度に 5 頭走れるなら、25頭を 5 グループに分けて、それぞれのグループで最速だった 5 頭をまた競わせればいい。だから答えは 6 回だ」と、考える人も多いかもしれません。たしかに正攻法のように思えますが……。じつは、そこには盲点があります。

**ヒント** 3 回走ることになる馬が 2 頭いる

## 候補から外れる馬を見つけていく

この問題で鍵になるのが、「最速を選ぶ」のではなく「候補から外れる馬を見つけていく」という思考です。

「25頭を 5 グループに分けてレースをおこなう」ところまでは正解です。

これで 5 グループ内における 1 位〜5 位の馬がわかります。

グループ名を仮に A,B,C,D,E とすると、25頭はそれぞれ、以下のとおりに示せます。

※数字は「そのグループ内での順位」を表す

```
● A1  A2  A3  A4  A5
● B1  B2  B3  B4  B5
● C1  C2  C3  C4  C5
● D1  D2  D3  D4  D5
● E1  E2  E3  E4  E5
```

これで、5 回のレースが終了しました。各順位はご覧のとおりです。

この時点で、**各グループの 4 位および 5 位は「25頭のなかのトップ 3 頭」にはなれません。**

なぜなら、同じグループにすでに「自分より速い 3 頭」がいるためです。

そのため、10頭が候補から外れます。

## 1位が3位に負けることもある

各グループの4位と5位が候補から外れ、残った馬は以下の15頭。

- A1　A2　A3
- B1　B2　B3
- C1　C2　C3
- D1　D2　D3
- E1　E2　E3

ここからが少しやっかいです。

1位の馬だけでレースをして上位3頭を選べばいいように思えます。

しかし、そこで勝ち残った3頭が、全25頭のなかでのトップ3にはならない場合があります。それは……

**速い馬が特定のグループに偏っていた場合です。**

この可能性を見落としてはいけません。

たとえば、Aグループにトップ3が固まっている場合。

このとき「全体のトップ3」はA1, A2, A3です。

そのためA〜Eの1位のみでレースをおこなうと、

**A2とA3がじつは全体の2位と3位という事実に気づけません。**

かといって、いちいち「1位同士でレース」「2位同士でレース」「3位同士でレース」などとやっていたらレース数が無駄に増えていくだけ。

何か、もっといい方法はないのでしょうか?

## いったん1位同士を競わせる

たったひとつの冴えたやり方があります。

6レース目はとりあえず、各グループ1位の馬による競走をおこない

ます。

　そして順位が

```
1位：A1
2位：B1
3位：C1
4位：D1
5位：E1
```

になったと仮定します。

　このとき、**少なくともD1とE1は「全体のトップ3」には入れないこ**とが確定します。

　と同時に、**D1,E1より遅い、D、E グループの2位と3位も「全体のトップ3」には入れない**ことが判明します。

　これで、6頭が候補から外れます。

## レースせずともわかる「脱落者」

　この時点で残った候補は以下の9頭です。

```
● A1　A2　A3
● B1　B2　B3
● C1　C2　C3
```

　そして、よく考えたら、**C2とC3も「全体のトップ3頭」には入れま**せん。

　C1,B1,A1という、自分よりも速い馬が現時点で3頭もいるからです。

　同様に、**B3にもチャンスはありません。**

　B2,B1,A1という、自分よりも確実に速い馬が3頭いるためです。

**レースするまでもなく、3頭が候補から外れました。**

以上を考えると、6レース終了時点で残る候補は以下の6頭です。

- A1　A2　A3
- B1　B2
- C1

そしてじつはもう一頭、レースをせずとも結果がわかる馬がいます。

それはA1です。A1はAグループで1位であり、他グループ1位の馬とのレースでも1位になっています。

つまり**A1は全25頭で最速の馬です。**

なので7レース目は、A1を除く5頭での競走になります。

そしてA1、および7レース目の1位と2位が「全25頭のトップ3」となります。

| 正解 | 7回 |
|---|---|

**まとめ** やや難しいですが、短絡的に答えを求めようとしない姿勢が重要でした。実際におこなわれるトーナメントの試合でも、1回戦で敗れたからといって、その対戦選手が優勝した場合、1回戦で敗れた選手の実力が低かったとは限りませんよね。実力1位の選手と2位の選手が1回戦でぶつかる場合を考えてもらうと、イメージしやすいと思います。その可能性に気づけると、「6回」という誤答は防げます。効率を求めながらも、正確性の大切さを教えてくれる問題でした。

**POINT**

- 部分的な1位が、全体の1位とは限らない
- 効率を重視せず、あらゆる可能性に目を向けることが大切

# 証明にひそむ罠に気づけるか?

これまでとは少し毛色の違う、「証明」についての問題です。確実な答えを得るために確認すべきことを、直感を疑って考えてみましょう。

## 4枚のカード

あなたの前に「E」「R」「2」「9」と書かれた、
4枚のカードが置かれている。
カードにはそれぞれ、
片面にはアルファベットが、
もう片面には数字が書かれている。

いま、カードを2枚だけ裏返して、
「母音が書かれたカードの裏はかならず偶数である」
というルールが成立しているかどうか確認したい。

**どの2枚を裏返せばよいだろうか?**

**解説** またしてもカードの問題ですが、今回は確率の問題ではありません。どちらかというと、純粋な論理力が試されます。かなりシンプルな答えになりそうですが、ちょっとした発想の転換が必要になります。

# 直感で答えると……

### 「E」と「2」を裏返せばいいのでは？

そう思った方が多いかもしれません。
先に言ってしまうと、**「E」は正解ですが「2」は間違いです。**

「E」を裏返すことが正しいのは明白です。
「母音が書かれたカードの裏はかならず偶数である」というルールが成立するには、当然、母音である「E」の裏に偶数が書かれていなければいけません。
なので、このカードを裏返すのは確定です。

そして多くの人が**「2を裏返して、そこに母音が書いてあればルールを証明できる」**と考えます。
ですが……残念ながら不正解です。

ここで見落としがちなのが、「9」の存在。
仮に「2」の裏に母音が書かれていたとしても、

**「9」の裏にも母音が書かれていたら、ルールは成立しません。**

# ルールの見落とし

「母音が書かれたカードの裏はかならず偶数」

このルールが成立しているかどうかを確かめるのが本問の趣旨です。

さて、ここからが重要なのですが、

「母音が書かれたカードの裏はかならず偶数である」

というルール、これは**「偶数が書かれたカードの裏もかならず母音である」**という意味ではありません。

たとえ偶数の裏が子音であっても、「母音が書かれたカードの裏はかならず偶数」というルールには違反しません。すなわち、

**偶数が書かれたカードの裏は母音でも子音でもかまわないのです。**

## 確認すべき2枚目は「9」

一方で、奇数が書かれたカードの裏はかならず子音でなければいけません。

奇数のカードをめくって、そこに母音が書かれていたら、「母音が書かれたカードの裏はかならず偶数である」のルールが破綻するからです。

よって、裏返して確認すべきなのは奇数である「9」です。

以上より「E」と「9」を裏返すことで、この4枚のカードにおいてルールが成立しているかどうかを確かめられます。

| 正解 | 「E」と「9」を裏返す |
|------|----------------------|

**まとめ** これは、世界的に有名な認知心理学者ウェイソンが考案した

「ウェイソンの4枚カード問題」から引用された問題です。当時、正解率は10％未満だったことでも知られています。

この問題、じつは過去に習ったことが役に立ちます。高校の数学で習った「集合と論理」を覚えているでしょうか。「pは集合Aに属する」「ド・モルガンの法則」「逆・裏・対偶」とか出てくるアレです（いかにも数学なので、見るのも嫌ですね……）。ここで習った「対偶」は、「AならばBである」が成り立つとき、「BでないならばAではない」も成り立つという法則でした。たとえば「人間ならば動物である」が成り立つとき、「動物でないならば人間ではない」も成り立つということです。

この対偶の概念を、今回の問題に当てはめて考えてみましょう。

命題：片面が母音ならば、その裏面は偶数である
対偶：その裏面が偶数でないならば、片面は母音ではない

こうしてみると、「偶数でないカードの裏を確かめる必要がある」と、わかりやすいですね。

学生の頃、「こんな勉強が何の役に立つんだろう」と思った人は多いと思います。ただ、いっけんあまり役に立ちそうにない知識でも、思わぬかたちで役に立つものです。私たちが一生懸命努力して勉強してきたことは、将来にも何かしらの力になっていくはずです。

---

**POINT**

- 「何が確認できればいいのか」だけでなく、「何が確認できなければいいのか」という視点で考えることも大事

# 仕組まれた戦略に気づけるか？

難易度 ★★★★★

故意に騙そうとする人も多い世の中、**批判思考は自分の身を守るためにも必要です。**この問題、仕組まれた戦略に気づけるでしょうか？

## 三つどもえの選挙戦

A,B,Cの3人が選挙に立候補したところ、
得票数がまったく同じだった。
そこで第2位も書かせて再投票をおこなったところ、
2位の集計でも3人の得票数はまったく同じだった。

総投票数が奇数だったため、
Aは、一騎打ちの投票なら勝敗がつくと気づいた。
そこで、まずBとCで選挙をおこない、
その勝者と自分で決選投票をおこなうことを提案した。
ところがBは「そのやり方は不公平だ」と反対した。

Aの方がBとCより高い確率で勝利すると言うのだ。

**それは本当だろうか？**

**解説** この問題がややこしく感じるのは、「2位投票」という状況の複雑さのせいです。思わず考えるのをやめたくなってしまいますが、ひとつずつ状況を確認していけば、やがて仕組まれた戦略に気づけるでしょう。

## 問題の状況を整理しよう

なかなか状況が見えないため、問題文からわかる情報をひろっていきましょう。まずは、この記述から。

"A, B, C の 3 人が選挙に立候補したところ、得票数がまったく同じだった。"

Aに1/3、Bに1/3、Cに1/3が投票されている。
つまり、投票数は3で割り切れるということ。
ここから、**投票者の人数は3の倍数である**とわかります。

"第 2 位も書かせて再投票をおこなったところ、2 位の集計でも 3 人の得票数はまったく同じだった。"

「1位だけでなく、その次にいいと思う人の名前も書いてください」としたところ、2位の結果でも3人の得票数が同じだったということです。
たとえば投票者が9人だった場合、それぞれ1位と2位をこのように選んでいる状況です。

| 投票者 | 1 | 2 | 3 | 4 | 5 | 6 | 7 | 8 | 9 | |
|---|---|---|---|---|---|---|---|---|---|---|
| 1位 | A | A | A | B | B | B | C | C | C | →A:3票　B:3票<br>C:3票 |
| 2位 | B | B | C | C | C | A | A | A | B | →A:3票　B:3票<br>C:3票 |

"総投票数が奇数だったため"

つまり、**投票者の人数は２の倍数ではありません。**

先ほど判明した「投票者の人数は３の倍数である」と組み合わせると、

**投票者は３人、９人、15人、21人…などであることがわかります。**

奇数の人数で２人に投票すれば、かならずどちらかが多くなります。

だからAは、「一騎打ちの投票なら勝敗が決まる」と考えたのです。

# ＢとＣによる選挙

では、なぜこのAの提案は不公平だと言われたのでしょう？

投票者の人数を、仮に９人だとして考えてみましょう。

先ほどの表をもう一度見てみます。

| 投票者 | Aファン | | | Bファン | | | Cファン | | | |
|---|---|---|---|---|---|---|---|---|---|---|
| | 1 | 2 | 3 | 4 | 5 | 6 | 7 | 8 | 9 | |
| 1位 | A | A | A | B | B | B | C | C | C | →A:3票　B:3票 C:3票 |
| 2位 | B | B | C | C | C | A | A | A | B | →A:3票　B:3票 C:3票 |

A,B,Cを１位に選ぶ投票者が３人ずつ（それぞれ「Aファン」「Bファン」「Cファン」と呼ぶ）。

そしてA,B,Cを２位に選ぶ投票者も３人ずつ。

この状況で、Aが提案した「BとCの２人による選挙」をすると、どうなるでしょう。

当然BファンとCファンは、それぞれBとCに投票します。

ポイントは、**Aファンも投票に参加する**ということ。

しかしAは候補にいないため、Aファンたちは「Aの次に選ぶ人（＝２位に選ぶ人）」に、それぞれ投票します。

今回の場合、Bに２票、Cに１票入り、Bが勝利します。

| 投票者 | Aファン | | | Bファン | | | Cファン | | |
|---|---|---|---|---|---|---|---|---|---|
| | 1 | 2 | 3 | 4 | 5 | 6 | 7 | 8 | 9 |
| 1位 | A | A | A | B | B | B | C | C | C |
| 2位 | B | B | C | C | C | A | A | A | B |

→B：5票　C：4票

## ＡとＢによる選挙

では次に、勝ったＢと、Ａによる選挙を考えてみましょう。

当然ＡファンとＢファンは、それぞれＡとＢに投票します。

残るＣファンは、Ｃが候補にいないため、ＡかＢに投票します。

その結果、Ａに５票、Ｂに４票が入り、Ａが勝ちました。

たしかに、Ｂの言うとおりＡに有利な結果になりました。

| 投票者 | Aファン | | | Bファン | | | Cファン | | |
|---|---|---|---|---|---|---|---|---|---|
| | 1 | 2 | 3 | 4 | 5 | 6 | 7 | 8 | 9 |
| 1位 | A | A | A | B | B | B | C | C | C |
| 2位 | B | B | C | C | C | A | A | A | B |

→A：5票　B：4票

でも、**たまたま今回の仮定の場合はこうなったように思えますよね。**

Ｃファンが選ぶ２位が、かならずＢよりＡの方が多くなるとは言えなさそうです。ですが、じつはそうではありません。この状況の場合……

**Ｃファンが選ぶ２位は絶対にＢよりＡの方が多くなります。**

ここが、この問題における最大の謎であり、面白いポイントです！

## Ｂが勝つ可能性はないのか？

ためしにＣファンが選ぶ２位が「ＡよりＢの方が多かった」場合を考

えてみましょう。

| 投票者 | Aファン | | | Bファン | | | Cファン | | |
|---|---|---|---|---|---|---|---|---|---|
| | 1 | 2 | 3 | 4 | 5 | 6 | 7 | 8 | 9 |
| 1位 | A | A | A | B | B | B | C | C | C |
| 2位 | B | B | C | C | C | A | A | B | B |

→A:4票　B:5票

これなら、Aが4票、Bが5票で、Bの勝ちです。
ですがこの場合、9人が選ぶ2位を集計すると、次のようになります。

A：2票　　B：4票　　C：3票

前提である「2位の集計でも3人の得票数はまったく同じだった」と
**矛盾する**ため、この状況はありえません。

では、Cファンが選ぶ2位が「AよりBの方が多い」状態を維持した
まま、「2位の集計でも3人の得票数はまったく同じだった」を満たす
パターンを考えてみましょう。

| 投票者 | Aファン | | | Bファン | | | Cファン | | |
|---|---|---|---|---|---|---|---|---|---|
| | 1 | 2 | 3 | 4 | 5 | 6 | 7 | 8 | 9 |
| 1位 | A | A | A | B | B | B | C | C | C |
| 2位 | B | C | C | C | A | A | A | B | B |

→A:4票　B:5票

この場合、9人全員が選ぶ2位を集計すると、

A：3票　　B：3票　　C：3票

となり、前提との矛盾はありません。
ですが、ひとつ問題があります。

この場合、**最初におこなわれる「BとCの選挙」でBは敗北します。**
Aファンが選ぶ2位が「BよりCの方が多くなった」からです。

| 投票者 | Aファン | | | Bファン | | | Cファン | | | |
|---|---|---|---|---|---|---|---|---|---|---|
| | 1 | 2 | 3 | 4 | 5 | 6 | 7 | 8 | 9 | |
| 1位 | A | A | A | B | B | B | C | C | C | |
| 2位 | B | C | C | C | A | A | A | B | B | →B:4票　C:5票 |

そのため最初の選挙ではCが勝ちます。
しかしこの場合も、次におこなう「AとCの選挙」でCは負けます。

| 投票者 | Aファン | | | Bファン | | | Cファン | | | |
|---|---|---|---|---|---|---|---|---|---|---|
| | 1 | 2 | 3 | 4 | 5 | 6 | 7 | 8 | 9 | |
| 1位 | A | A | A | B | B | B | C | C | C | |
| 2位 | B | C | C | C | A | A | A | B | B | →A:5票　C:4票 |

Aが提案した方法でやると、いかなる場合もAが勝つのです。

## Aが絶対に勝つ理由

これは、「2位としての票を得て選挙に勝った人は、次の選挙で負ける」ということです。
最初に仮定した以下のパターンを、Bの視点で考えてみましょう。

| 投票者 | Aファン | | | Bファン | | | Cファン | | | |
|---|---|---|---|---|---|---|---|---|---|---|
| | 1 | 2 | 3 | 4 | 5 | 6 | 7 | 8 | 9 | |
| 1位 | A | A | A | B | B | B | C | C | C | →A:3票　B:3票　C:3票 |
| 2位 | B | B | C | C | C | A | A | A | B | →A:3票　B:3票　C:3票 |

Ｂを２位に選ぶ人が３人いますが、それはＡファンかＣファンのどちらかです。

　この場合は「Ａファンに２人：Ｃファンに１人」ですが、他にも考えられるのは「Ａ0：Ｃ3」「Ａ1：Ｃ2」「Ａ3：Ｃ0」のみ。

> Ａファンが選ぶ２位でＢが過半数の場合、Ｃファンが選ぶ２位でＢは過半数にならない
> Ｃファンが選ぶ２位でＢが過半数の場合、Ａファンが選ぶ２位でＢは過半数にならない

　ということです。ＡファンとＣファンが選ぶ２位で両方Ｂが過半数になると、２位候補でＢを選ぶ人が全体の３分の１を超えてしまい、「２位投票でも全員同数だった」の前提と矛盾するからです。

　だから、ＢとＣで選挙したときに、Ａファンが選ぶ２位でＢが過半数になっていてＢが勝利した場合、次のＢとＡの選挙では、Ｃファンが選ぶ２位でＢが過半数になることはないのです。

　**１回目の選挙で勝った人は、２回目の選挙でかならず負けるのです。**

## 正解　｜　本当にＡがかならず勝つ

**まとめ**　もともとこの問題は、数学者エフード・フリードグートが授業のために考案したものです。引き分けの処理は見た目よりもずっとやっかいである、という教訓を含んでいます。このように投票や多数決というのは、いっけん公平に見えても、実態はそうなっていない状況が発生しうるため、扱いには注意が必要なのです。

### POINT
- いっけん人畜無害に見える提案にも、罠が潜んでいる
- 複雑な問題こそ、図や表にして視覚的に考えてみる

# すべてを疑う勇気はあるか？

難易度 ★★★★★ + ★★

批判思考も、いよいよ最後の問題です。**あらゆる情報に対して「本当にそうか？」と考える姿勢**が求められる、超難問に挑戦してみましょう。

## 正直者と嘘つきの島

ある島には4タイプの人間がいる。
「いつも正直者」は、いつも真実を語る。
「ごまかす正直者」は、いつも真実を語るが、
自分が犯人の場合は「自分は無実だ」と嘘をつく。
「いつも嘘つき」は、いつも嘘をつく。
「正義の嘘つき」は、いつも嘘をつくが、
自分が犯人の場合は「自分は犯人だ」と真実を語る。

この島で、プリンが勝手に食べられる事件が起きた。
目撃者によると犯人は1人。
その時間に犯行が可能だったA,B,Cの証言は、こうだ。

私は無実だ。
Bが犯人だ。
Bは正直者だ

私は無実だ。
Aが犯人だ。
Cは私とは
違うタイプだ

私は無実だ。
Aが犯人だ

**プリンを食べたのは誰だろうか？**

**解説** 島には4タイプの人間がいて、犯人の候補3人のうち、誰がどのタイプかはわからない。全員バラバラなのか？　同じタイプが交ざっているのか？　さまざまな可能性が考えられるややこしい状況ですが、きちんと論理的に解けます。しかしおそらく、途中で大きな違和感に気づくでしょう。その違和感こそが最重要です。

ひとつだけ核心的なヒントをお伝えしましょう。この問題はきちんと論理的に解けます。100%、解ける問題です。それだけ信じてください。

個人的には論理的思考問題においていちばん面白い問題だと思っています。ぜひ自力で考えてみてください。絶対に損はさせません。

## やっかいな2つの存在からわかること

「正直者と嘘つき」の問題は、第1章にも登場しましたね。

このタイプの問題は「Aの発言が真実だとしたら、他の人の発言と矛盾しないか」と、ひとつずつ仮定して考えていくのが基本戦略でした。

そこで本問でも、Aが「いつも正直者」「ごまかす正直者」「いつも嘘つき」「正義の嘘つき」であった場合の考察から進めていきます。

ただし過去の問題と少し違うのが、特殊な状況だと回答が変わってしまう**「ごまかす正直者」と「正義の嘘つき」**の存在です。

この存在が意味することを、まずは考えてみましょう。それぞれが「犯人」もしくは「無実」の場合の発言を整理してみます。

* **ごまかす正直者**
  自分が犯人のとき→「自分は無実だ」と言う
  自分が無実のとき→「自分は無実だ」と言う

* **正義の嘘つき**
  自分が犯人のとき→「自分が犯人だ」と言う
  自分が無実のとき→「自分が犯人だ」と言う

つまり自分が犯人であろうとなかろうと、自分に対する発言は同じです。

ここから、ある法則が判明します。

> 「ごまかす正直者」は、「自分が犯人」とは言えない。
> 「正義の嘘つき」は、「自分は無実」とは言えない。

ということです。

つまり、

**「自分は無実」と言っている人は「正義の嘘つき」ではありません。**

ここで、問題文を見てみましょう。

A，B，Cの3人はいずれも「私は無実」と述べています。

そのため**3人は「正義の嘘つき」ではない**ことが早くも確定します。

## Aが「いつも正直者」の場合

では、Aが残りの3タイプのいずれかであった場合を、それぞれ見ていきましょう。

まずは、Aが「いつも正直者」であった場合です。

"A「私は無実だ。Bが犯人だ。Bは正直者だ」"

この発言が真実だとすると、Bは「犯人」であり、「正直者グループ」だと確定します。

では、Bの発言を見てみましょう。

"B「私は無実だ。Aが犯人だ。Cは私とは違うタイプだ」"

正直者グループであるはずのBが「Aが犯人」と発言しているため、Aの「私は無実だ」と矛盾します。

よって、この可能性はありえません。

## Ａが「ごまかす正直者」の場合

次に、Ａが「ごまかす正直者」だった場合を考えてみます。

"Ａ「私は無実だ。Ｂが犯人だ。Ｂは正直者だ」"

Ａが本当に無実の場合は、Ａが「いつも正直者」であったときと同じように、Ｂの発言と矛盾します。

では、「Ａが本当は犯人なのに、それについてのみ嘘をついている」という場合はどうでしょう。

この場合、Ａは「Ｂが犯人」と発言しているため、犯人はＡとＢの２人ということになります。

ですがそれでは、目撃者の「犯人は１人」という発言と矛盾が起きます。

よって、Ａが「ごまかす正直者」である可能性もありえません。

## Ａが「いつも嘘つき」の場合

Ａは「正直者グループ」ではないとわかりました。

そして解説の冒頭で考えたように、Ａ,Ｂ,Ｃの３人のなかに「正義の嘘つき」がいないこともわかっています。

つまりＡは、「いつも嘘つき」であるはずです。

その場合、Ａの発言から何がわかるでしょう。

"Ａ「私は無実だ。Ｂが犯人だ。Ｂは正直者だ」"

この発言が嘘だとすると、「Ａが犯人」「Ｂは無実」「Ｂは嘘つきグループ」ということになります。

３人のなかに「正義の嘘つき」はいないとわかっているため、Ｂも「いつも嘘つき」ということになります。

つまり、Bの「私は無実だ」の発言は嘘ということになり、「Bは犯人」となります。

ですがこれでは、犯人はAとBの2人になってしまいます。

よって、この可能性もありえ……ま……せん……。

# 解けない問題？

……。

…………え？

**Aが4タイプのいずれであっても矛盾が生じてしまいました。**

これでは問題が解けません……。

いったい、何が起こっているのでしょう？

問題が間違っている？

でも論理的思考問題は「絶対に解ける問題」です。

どういうこと？

論理的には間違いなく解けません。

ならばきっと、見落としている何かがあるはず……。

よし。もう一度はじめから考えてみましょう。

※次のページで種明かしをしますが、できればご自身の力で**この問題の正体**に気づくことをおすすめします。

# 仕掛けられた「落とし穴」

もう一度、はじめから見直してみましょう。

つまり、「問題文」から見直します。

"ある島には4タイプの人間がいる。

「いつも正直者」は、いつも真実を語る。

「ごまかす正直者」は、いつも真実を語るが、自分が犯人の場合は「自分は無実だ」と嘘をつく。

「いつも嘘つき」は、いつも嘘をつく。

「正義の嘘つき」は、いつも嘘をつくが、自分が犯人の場合は「自分は犯人だ」と真実を語る。

　この島で、プリンが勝手に食べられる事件が起きた。

　目撃者によると犯人は1人。

　プリンを食べたのは誰だろうか？"

　4タイプの説明に、他の解釈の余地はありません。

　となると、気になるのはこの部分。

"目撃者によると犯人は1人"

　この島には4タイプの人間がいて、事件はその島で起こった……。

こ　れ　だ！

　当然、目撃者もその島の人物。ということは……

**目撃者が「嘘つき」の可能性がある。**

　つまり、「犯人は1人」という情報が真実とは限らない。

　というより、「犯人が1人」という情報を前提とした論理が破綻している以上、その前提が間違っているとしか考えられない。

　この事件の「目撃者」は嘘つきであり、犯人は1人ではなく、0人、2人、3人のいずれかということです。

　そういうことだったのか……！

　まんまと**騙**されました。

# 犯人の「人数」は？

　前提が崩れたため、完全に振り出しに戻りましたが、気を取り直して考えていくしかありません。

　そこで、「犯人の数」を仮定して考えてみます。

　まずは、「犯人なんていなかった」と仮定してみましょう。

　大前提からひっくり返りますが、こうなると**すべて疑ってかかった方がいいはず。**

　この場合、A, B, Cは無実です。

　しかし全員が「私は無実」と真実を言いつつ、「〇〇は犯人」とも言っている以上、どの人物が正直者であれ嘘つきであれ、かならず1人以上は犯人がいることになります。

　よって、**犯人は0人ではありません。**

　平和な世界なんてないんですね。

# もしも全員が犯人なら？

　次は、「3人とも犯人だった」場合を考えてみます。

　その場合、A, B, C全員が「私は無実」と発言しているので、3人の正体は「ごまかす正直者」か「いつも嘘つき」のどちらかに限定されます。

　そしてAは「Bが犯人だ」と真実を述べているため、Aは「自分が犯人であること」だけ嘘をつく「ごまかす正直者」で確定します。

　ということは「Bは正直者グループである」というAの発言は真実になるため、Bの正体も「ごまかす正直者」だとわかります。

　つまりBの「Cは私と違うタイプ」という発言も真実であることになり、Cは「いつも嘘つき」になります。

ところが、嘘しか言わないはずのCが、「Aが犯人だ」と真実を述べてしまっています。

　ここに、矛盾が起きています。

　**よって、犯人は3人ではありません。**

　犯人は1人でも、0人でも、3人でもありませんでした。

　ようやく判明しました。

　**犯人は2人です。**

　これで、やっと本当の検証をはじめられます。

## 再・Aが「いつも正直者」の場合

　まず、Aが「いつも正直者」だった場合です。

　"A「私は無実だ。Bが犯人だ。Bは正直者だ」"

　"B「私は無実だ。Aが犯人だ。Cは私とは違うタイプだ」"

　"C「私は無実だ。Aが犯人だ」"

　Aの発言から、「Aは無実」「Bが犯人」「Bは正直者グループ」ということが確定します。

　しかしBは、無実であるAを指して「Aが犯人」と嘘をついています。

　Aの発言からわかった「Bは正直者グループ」という事実と矛盾します。

　したがって犯人が2人であろうと、この可能性はありえません。

## 再・Aが「ごまかす正直者」の場合

　次に、Aが「ごまかす正直者」だった場合について。

　"A「私は無実だ。Bが犯人だ。Bは正直者だ」"

　"B「私は無実だ。Aが犯人だ。Cは私とは違うタイプだ」"

　"C「私は無実だ。Aが犯人だ」"

1度目の検証のとき同様、Aが無実の場合は、Aが「いつも正直者」だった場合と同じ展開で矛盾が発生します。

　よって、Aは犯人だけれど、そのことについてのみ嘘をついている場合を考えていきます。

　Aの発言から、「Aが犯人」「Bが犯人」「Bは正直者グループ」ということが確定します。

　犯人は2人ですから、これは成立します。

　そしてBは犯人でありながら「私は無実だ」と発言しているため、「いつも正直者」ではなく、「ごまかす正直者」だとわかります。

　そんなBが「Cは私とは違うタイプ」と発言していることから、Cの正体は「いつも正直者」「いつも嘘つき」のどちらかに絞られます。

　Cの発言は「私は無実」「Aが犯人」と、どちらも真実であるため、Cは「いつも正直者」です。

　ようやく、矛盾のないパターンが見つかりました。

> A：犯人・ごまかす正直者
> B：犯人・ごまかす正直者
> C：無実・いつも正直者

　他の可能性がなければ、これが正解になります。

## 再・Aが「いつも嘘つき」の場合

　最後に、Aが「いつも嘘つき」の場合を検証します。

　"A「私は無実だ。Bが犯人だ。Bは正直者だ」"
　"B「私は無実だ。Aが犯人だ。Cは私とは違うタイプだ」"
　"C「私は無実だ。Aが犯人だ」"

Aの発言が嘘なら、「Aは犯人」「Bは無実」「Bは嘘つきグループ」
となります。

　実際にBは「私は無実」だと正直に発言していますが、Aの発言どお
りにBは「嘘つきグループ」だったとしたら、矛盾が起きます。

　したがって、この可能性はありえません。

　よってありえるのは、Aが「ごまかす正直者」のパターンのみ。

　その発言から、プリンを食べた犯人はAとBだとわかります。

## 正解 ｜ プリンを食べた犯人はAとB

**まとめ** いやー、めっちゃ面白い問題でしたね。批判思考の基本である
「結果がおかしいなら前提を疑え」を実践できる、これ以上ない良問と
言えるでしょう。自力で解けた人がいたとしたら、すさまじい達成感を
得られたのではないでしょうか。「ごまかす正直者」であるAとBが「自
分は無実」と主張しつつ、互いに共犯者を裏切って告発し合う地獄絵図
になっているのも示唆に富んでいますね。現実って非情ですよね！

### POINT

- 当然のように受け入れている前提自体が、真実とは限らない
- あらゆる情報を疑い、あらゆる可能性を考える必要がある

# 第 3 章

# 水平思考

のある人だけが
解ける問題

既存の概念や常識にとらわれず、

自由な発想でアイデアを生み出す。

それが、水平思考です。

論理的思考が「事実→解釈→判断」と

タテに考え進めるのに対して、

「別の方法はないか?」とヨコに考えるため、

水平思考と呼ばれます。


英語では「ラテラル・シンキング」と呼ばれ、

「傘以外に、雨を防ぐ方法はないか?」

「家を出ないで目的を達成できないか?」

など、まったく別の観点から考える姿勢を指します。


多くの経験や知識を得るうちに、

その枠に思考がハマってしまう人もいますが、

頭のいい人は常識や前例に流されず、

素直な思考ができます。

そんな水平思考が問われる、13問をご紹介します。

# やわらかい頭で考えられるか？

難易度 ★☆☆☆☆

水平思考に求められることを一言で言うなら、「発想力」です。
なかなか思いつけないけれど、論理的には正しい正解を導く。ま
ずはこの問題で、その感覚を体験してみましょう。

## 熊の色は？

ある学者がテントを立てていると、
熊があらわれた。
学者はパニックになり、南へ10km、
東へ10km、北へ10km走ったところ、
テントに戻ってきてしまった。

さて、熊の色は？

**解説** 南へ10km、東へ10km、北へ10km走り、元の位置に戻った。いっけん問題文が意味不明なので、誤植なのではと疑った方もいるかもしれません。大丈夫。印刷ミスではありません。正しい問題文です。しかしこれが正しいとすると、別の意味で大丈夫ではありませんね。さらに問題なのが、いきなり問われる熊の色。いったい、どう考えればいいのでしょう?

## 謎だらけの問題文

"学者はパニックになり、南へ10km、東へ10km、北へ10km走ったところ、テントに戻ってきてしまった。"

このように移動したら、ふつうはテントから東に10km離れた地点にいるはずです。

しかし学者は、なぜかテントに戻ってきている。

熊の色はいったん置いておいて、まずはこの謎を解くことがヒントになりそうです。

学者はいったいどこにいるのか。

ここから考えてみましょう。

## 世界の「形」とは?

「南→東→北」と移動して、元の場所に戻ってくる。

そんな場所、地球上に存在するのでしょうか?

はい、あります。

先ほど、「南→東→北」と移動した場合に戻ってくる位置は、スタート地点から東に10kmの地点だと言いました。

ですが、実際はちょっとズレます。

**なぜなら地球は平面ではなく、「球体」だからです**(厳密に言うとちょっ

と潰れた楕円体ですが)。

　つまり、曲線になっている表面の影響を少なからず受けます。

　そう考えたとき、南へ10km走った地点から、どんなに東西に移動したとしても北へ10km走るだけで元の位置に戻ってしまう場所があります。

**北極点です。**

　ということで、学者がいるのは北極だとわかりました。
　では、そこにいる熊は?

　当然、シロクマですね。
　つまり問題の答えは「白」です。

正解　｜　　　　　熊の色は「白」

**まとめ** 南や北が、平面上の「上」「下」を指しているのではなく、「北極点」「南極点」を指していると気づけるかどうかがポイントでした。はじめから「そんなことは無理だ」と考えるのをあきらめてしまったら、なかなか辿り着けない答えだったかと思います。このように、水平思考の問題は「発想」が問われるものが多いですが、いずれも与えられた情報がヒントになっています。頭をやわらかくして、あらゆる可能性を考えてみましょう。

**POINT**

● 「そんなの無理だ」と決めつけずに、やわらかい頭で可能性を考えてみる

# 先入観を捨てた発想ができるか?

やわらかい頭で考えることを妨げる最大の存在は、「先入観」です。この問題、常識やルールなどの先入観を捨てて、真実を導けるでしょうか?

# 2本の線香

ここに2本の線香がある。
どちらもきっかり1時間で燃え尽きる。

ただし、線香の燃える速度は一定ではない。
線香の9割が10分で燃え、
残りの1割が50分かけて燃え尽きることもある。

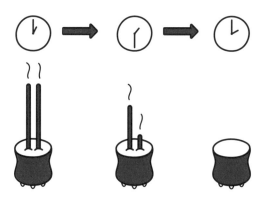

この線香2本を使って、45分を計りたい。

## どうすればいいだろう?

**解説** 2本の線香を使って45分を計る方法を見つける問題です。やっかいなのが、「線香の燃える速度は一定ではない」という条件。これがなければ、たとえば「線香を半分のところで折る」といった方法も考えられたのですが……。柔軟に考えてみましょう。発想力が大事な1問です。

## 1時間かかる線香を30分で使う方法

「火をつけたら1時間で燃え尽きる線香」
この線香を使って、「1時間」以外の時間を計らないといけない。
それを実現させる方法が、ひとつだけあります。それは……

**両端から同時に火をつけること。**

この状態でスタートして線香が燃え尽きたとき、「30分」きっかり経ったことを意味します。
そこでまず、

- 1本目の線香の「両端」に火をつける
- 2本目の線香の「片端」に火をつける

やがて、1本目の線香は燃え尽き、2本目の線香だけが残ります。
これが、開始から30分たったことを意味します。
つまり2本目の線香は、「30分の分だけ燃えた線香」なので、残っている部分は「30分で燃え尽きる線香」です。

## 30分かかる線香を15分で使う方法

燃え尽きるのに1時間かかる線香に両端から火をつけて、その半分の30分を計測できました。
そして手元には、燃え尽きるのに30分かかる線香があります。

45分を計測するまで、あと15分。

ここまで来れば、あともう一歩。

　**残った2本目の線香の、火がついていない側に火をつける**（両端に火がついた状態にする）ことで、2本目の線香はあと15分で燃え尽きることになります。

　最初の30分で1本目の線香が燃え尽き、次の15分で2本目の線香が燃え尽きます。

　この手順を踏むことで、きっかり45分を計ることが可能になります。

| 正 解 | 1本目の両端と、<br>2本目の片端に火をつける。<br>1本目が燃え尽きたとき、<br>2本目の「もう片端」に火をつける。<br>2本目が燃え尽きたときが、<br>スタートから45分が経過した瞬間。 |
| --- | --- |

**まとめ**「線香は片端だけに火をつけるもの」という先入観を取っ払って考えることで、解決策が導ける問題でした。正直、水平思考は「ひらめき」や「発想力」を必要とする割合が大きいです。でも、ひらめきを邪魔している常識や固定観念などを意識的に取り除くことで、解決策の糸口がおのずと見えてくることでしょう。

## POINT

- 「これは、こういうもの」という先入観を捨てることで、それまで気づかなかった視点が見つかる

# 解決すべき「真因」に気づけるか?

難易度 ★ ☆ ☆ ☆ ☆

直感も発想の妨げになります。わかりやすい方法にとらわれず、**本当に解決すべき課題を見抜く力**があるか、この問題で試してみましょう。

## 4つのボート

あなたは4つのボートを、
川の向こう岸まで運んでくれと頼まれた。
4つのボートは川を渡るのに、
それぞれ1分、2分、4分、8分かかる。

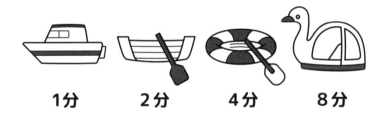

**1分　　2分　　4分　　8分**

あなたが一度に操作できるボートは2つまで。
そして2つのボートを操作して川を渡る場合は、
速度が遅い方のボートの所要時間がかかる。

向こう岸にすべてのボートを運ぶには、
**最短で何分かかるだろうか?**

**解説** あなたが２つのボートを同時に操作できる凄腕の持ち主でも、スピードの限界を超えることはできません。どうやっても、速度が遅い方の時間がかかってしまいます。たとえば「１分」と「８分」のボートで出発したら、川を渡るのに「８分」かかります。どうすれば、４つのボートを最短で向こう岸に渡せるでしょうか。意外な組み合わせが鍵になるかもしれません。

## 最大のネックは何か?

この問題を見て「16分」と答える人は少なくありません。
おそらく、こんなふうに考えるためです。

> ①「８分」「１分」のボートで向こう岸へ
> ②「１分」のボートで元の岸へ
> ③「４分」「１分」のボートで向こう岸へ
> ④「１分」のボートで元の岸へ
> ⑤「２分」「１分」のボートで向こう岸へ

戻ってくるのをすべて「１分」のボートにして最速を目指すという発想は秀逸です。
ですが、じつはもう少しだけ早くなる方法があります。

## ボトルネック同士を組ませる

この問題の課題になっているのは、「速度の遅いボート」の存在です。
ここに目を向け、「戻りを早くする」という思考に加えて、

**「遅いボートをまとめて運ぶ」という視点が必要です。**

「８分」のボートはどのボートと一緒に運んだところで８分かかるので、次に遅い「４分」のボートと一緒に運んでしまうことで、遅いボー

146

トを運ぶ回数を減らしてしまおうという発想です。

　しかし「4分」のボートで戻ってくると大きなタイムロスになる。
　なので、先に「1分」か「2分」のボートを向こう岸に用意しておく
のがベストです。

> ①「1分」「2分」のボートで向こう岸へ
> ②「1分」のボートで元の岸へ
> ③「4分」「8分」のボートで向こう岸へ
> ④「2分」のボートで元の岸へ
> ⑤「1分」「2分」のボートで向こう岸へ

　これなら、15分ですべてのボートを運べます。

| 正解 | 15分 |
| --- | --- |

**まとめ**　「時間がかかる作業を同時にこなす」といった視点は、日常生活
にも役立ちそうですね。「効率のよい方法」だけでなく、「効率を下げる
要因」に目を向けることも大切だと教えてくれる問題でした。

**POINT**

● 「よい方法」を考えるだけでなく、「悪い要因」に目を向けることで、
　新しい発想が見えてくることもある

# 逆転の発想をする力は
# あるか?

難易度 ★ ★ ☆ ☆ ☆

先ほどの問題、発想力のある方にとっては少し簡単すぎたかもしれません。では、**もう少しひらめきが必要となる**次の問題はどうでしょう?

## のろのろ馬レース

馬に乗っている2人に、王様がこう言った。
「2人で競争をして、勝った馬の主に宝を与えよう。
ただし、後にゴールした方を勝ちとする」

そこで2人は、相手より先にゴールしないよう、
のろのろとレースをしていた。
このままでは、いつまでも勝負がつかない。
だが、通りかかった賢者が「あること」を提案した結果、
2人はものすごい速度でゴールへ向かっていった。

**賢者は何と言ったのだろうか?**

**解説** ふつうに「速い方を勝ちとする」なら、話が早かったのですが……。でも、そうは言っていられません。これはかなり古くからある有名問題をアレンジしたものです。完全に発想力だけの問題で、思考の柔軟さが求められます。

## 「勝利の条件」は何か？

勝利条件は、「自分が相手より後にゴールすること」のように見えます。

だから2人は、のろのろと時間をかけて走っているのだと。

ですが、王様の発言をしっかり見てみましょう。

"勝った馬の主の方に宝を与える"

「勝った人」ではなく、「勝った馬」と言っているのがポイントです。

つまり勝利条件は「自分の馬が後でゴールすること」です。

これは言いかえると……

**「相手の馬が先にゴールすれば勝てる」**

ということです。

## 発想を転換させると

この勝利条件に目を向ければ、あとは簡単です。

つまり、**お互いの馬を入れ替えてレースをすれば、その馬で先にゴールした方が勝ちになります。**

要するに、ふつうのレースになります。

賢者はこの方法を提案したため、2人は全速力でゴールに向かったわけです。

## 正解 | 「お互いの馬を入れ替えてみて」

**まとめ** 「必須の条件は何なのか？」を明らかにすることで、「馬を入れ替える」という逆転の発想ができました。「遅く着いた方が勝ち」というゴールだけにとらわれていたら解決策は導けなかったでしょう。

このように、解決策に辿り着くのが難しく感じたときは、解決の条件を別の角度から眺めてみると、本当に実現しなくてはいけないことがわかります。この「外しちゃいけないポイント」が明確になると、それ以外の部分は変えていいんだと、思考の自由度が格段に上がるのです。よくクリエイティブの世界で「制限があるほど、発想しやすくなる」と言われるのも、このためかもしれません。何か新しい発想をする際は、まずは「外しちゃいけないポイント」を考えてみるようにしましょう。

### POINT

- 「変えてはいけない部分」を明確にすることで、それ以外の点において自由な発想ができるようになる

# 制限を糧にして
# 発想できるか？

難易度 ★ ★ ☆ ☆ ☆

「制限があるほど発想しやすくなる」。この感覚を身につける別の問題です。目を向けなければいけない**問題の本質を見極められ**るでしょうか。

## 砂漠の横断

歩いて横断するのに６日間かかる砂漠がある。
あなたはこの砂漠の横断に挑戦する。

あなたはポーター（荷物を運んでくれる人）を雇って、
連れて行ける。
あなたを含め、１人が持てる食料は最大４日分。

## あなたは何人のポーターを
## 雇えばいいだろうか？

なお、遭難者を出してはいけない。

**解説** とくに難しい計算は必要ありません。何がポイントなのかを見極めて、やわらかい頭で考えてみましょう。クリアしなくてはいけない「制限」に目を向けてみると、おのずと発想の転換がされるはずです。

## 前提となる「2つの行為」

この問題には、いくつかの制限があります。

1つは、「1人が持てる食料は4日分」という制限。

砂漠の横断には6日かかるため、この時点で、自分だけの食料ではゴールできないことがわかります。つまり……

**食料を「もらう」という行為が必要だとわかります。**

食料をもらう相手は、当然、ポーターですね。

ですが、食料を渡した人が途中で力尽きてしまうのも避けなくてはなりません。

「遭難者を出してはいけない」という、2つ目の制限があるからです。

つまり食料を渡す人は……

**自分が引き返す分の食料を残しておく必要があります。**

- 1人が持てる食料は4日分→他の人から食料を「もらう」
- 遭難者を出してはいけない→自分が引き返す分の食料を残す

2つの制限から、この問題を解決するための方策が見えてきました。

## ポーター「1人」で乗り切れるか?

方策が見えたら、それによって解決するために必要なポーターの最少人数を仮定して考えていきましょう。

たとえばポーター1人なら?

……これは無理です。

6日間かかる行程を乗り切るには、あなたはポーターから2日分の食料を受け取る必要がありますが、あなたが持てる食料は4日分まで。

2日分の食料を受け取るには、出発から2日が経たないといけませんが、その時点でポーターが持っている食料は残り2日分のみのため、それを受け取ると、**ポーターがスタート地点まで引き返せなくなります。**

## ポーターが「2人」なら？

次に、ポーターが2人の場合を考えてみましょう。

あなた、ポーターA、ポーターBの3人で、それぞれ4日分の食料を持って出発します。すると1日目の夜には、それぞれが持っている食料はこうなります。

> ● 1日目の夜（残り5日）
> あなた：3日分
> ポーターA：3日分
> ポーターB：3日分

そこで、ポーターBはあなたとポーターAに食料を渡します。

もちろんポーターBは、スタート地点に戻るための1日分の食料を残します。すると、こうなります。

> ● 1日目の夜（残り5日）
> あなた：4日分
> ポーターA：4日分
> ポーターB：1日分

## 2日目の行動

2日目、あなたとポーターAは出発します。

そしてポーターBはスタート地点に戻ります。
すると2日目の夜には、こうなります。

- **2日目の夜（残り4日）**
  あなた：3日分
  ポーターA：3日分

ここで、ポーターAはあなたに「1日分」の食料を渡します。
すると、こうなります。

- **2日目の夜（残り4日）**
  あなた：4日分
  ポーターA：2日分

　ポーターAの手元には「2日分」の食料が残るので、2日かけた行程を逆戻りして、スタート地点に戻ることができます。
　そしてあなたは4日分の食料があるため、ゴールまで辿り着けます。

| 正解 | 2人 |
|---|---|

**まとめ** 前提となる「2つの制限」から、「食料をもらう」「引き返す分の食料を残す」という前提に気づけるかがポイントでした。変えられることと、変えられないこと。これを区別してみると、考えてもしかたがないことや、考えなくてはいけないポイントが見えてきます。制限は発想の源になると、教えてくれる問題でしたね。

**POINT**

- 「絶対に押さえなくてはいけないポイント」がわかると、そのために必要なことや手段を、柔軟な発想で考えられる

# 狭い視野から
# 抜け出せるか？

難易度 ★ ★ ★ ☆ ☆

柔軟な発想をするには、考える「対象」を変えることも有効です。
この問題、ある部分に目を向けることがポイントになるのです
が、わかるでしょうか？

## 天秤と9枚の金貨

あなたの目の前に、天秤と、9枚の金貨がある。
どれも見た目はまったく同じだが、
1枚だけ他の金貨より軽い金貨がある。

あと2回で
壊れます

天秤を使って、軽い金貨がどれかを特定したい。
ただし、天秤を使えるのは2回まで。

### さて、どうすればいい？

**解説** 脳のトレーニングとしてもよく出てくる「天秤問題」です。海外では「Balance Puzzle」「Counterfeit Coin Puzzle」と呼ばれる、論理的思考問題の王道ジャンル。これは、その初級編です。難易度はかなり低いため、ノーヒントで挑みましょう。

## 「天秤問題」の基本戦略

このタイプの問題の基本となるのが、

**「天秤を1回使えば3グループの詳細がわかる」**

という考え方。
「いや、天秤は2つのものの重さを比べるものなのでは？」
と思うかもしれませんが、例を挙げて考えてみましょう。

> **「3枚のうち1枚だけ軽い金貨を、天秤を1回使って見抜け」**

この場合、3枚のうち2枚を、それぞれ天秤の左右に載せて量ります。
天秤が傾いた場合は、左右どちらかの金貨が軽いということ。
では、天秤が釣り合ったら？
天秤に載せなかった金貨が「軽い金貨」という事実を表します。
つまり天秤は使い方によって、

**「天秤に載せなかったものの正体」** もわかるのです。

## 2回の計量で「9分の1」を見抜く方法

今回の問題は、天秤の基本戦略を2回繰り返すだけです。
まず1回目の計量では、9枚の金貨を3枚ずつ3つのグループに分

け、そのうち２つのグループを天秤で計量します。

　これで「どのグループに軽い金貨が含まれているか」がわかります。

　天秤が傾けば、皿が上がった方のグループに「軽い金貨」が。

　釣り合えば、天秤に載せなかったグループに「軽い金貨」があります。

　そして２回目の計量では、軽い金貨が含まれているグループの３枚のうち、２枚を天秤の左右に載せます。

　これにより「どの金貨が軽いのか」を特定します。

　天秤がどちらかに傾けば、皿が上がった方の金貨が「軽い金貨」。

　天秤が釣り合えば、天秤に載せなかった金貨が「軽い金貨」です。

| 正解 | 金貨を３枚ずつのグループ（A,B,C）に分ける。グループAとBを天秤に載せる。どちらかに傾けば皿が上がった方のグループに、釣り合えばグループCに「軽い金貨」はある。「軽い金貨」があるグループの金貨３枚のうち、どれか２枚を天秤に載せる。どちらかに傾けば皿が上がった方の金貨が、天秤が釣り合えば残りの1枚の金貨が「軽い金貨」である。 |
|---|---|

**まとめ**「天秤なんて、実社会で使わないよ」という気持ちはわかります。私も使ったことなんて一度もありません。ただ、「確認していないことに、目を向ける」という視点の転換はさまざまな場面で役立つ思考法なので、覚えておいて損はないと思います。

POINT

● 確認したことだけでなく、「確認しなかったこと」に目を向けることで、わかってくることがある

# 「隠れた部分」に目を
# 向けられるか？

難易度 ★ ★ ★ ☆ ☆

目を向ける対象を変えることで、発想が生まれる。この方針で、
もう少しだけ難しい問題にも挑戦してみましょう。

## 26枚のお札

サイフの中に26枚のお札が入っている。
あなたはランダムに20枚のお札を取り出して、
机の上に並べた。

すると、どんなふうに20枚を選んでも、
その内訳には少なくとも1000円札が1枚、
2000円札が2枚、5000円札が5枚、
存在していた。

**サイフの中に入っていたお札の総額は
いくらだろう？**

**解説** 昔あったんですよ……2000円札という紙幣が……。いまも沖縄ではかなり流通しているようですが、それ以外の地域で見ることは少なくなりました。さて、この問題、情報は少ないですが解けるはずです。あるポイントに目を向けられると、一瞬でひらめけるはず。どんなに小さいことでもいいので、確定できることはないでしょうか？

**ヒント** 6人部屋に7人で住むことはできない

## それぞれの「最低枚数」は？

　問題文には、いかなる20枚を取り出しても「少なくとも1000円札が1枚、2000円札が2枚、5000円札が5枚存在する」とあります。

　ここから、1000円札・2000円札・5000円札の**最低枚数（少なくともこの枚数以上存在するという数）**を割り出せます。

　なぜなら「どんな20枚を選んでもその中に少なくとも1枚の1000円札が存在する」とは、少なくとも、

<u>**「選ばなかった6枚＋1枚」の1000円札が存在する**</u>

ということだからです。

## 「選ばれなかった6枚」が鍵を握る

　1000円札が7枚以上あれば、どのように20枚を選んでも、「選ばれた20枚」には1000円札がかならず1枚は入ります。

　7枚の1000円札を、6枚の「選ばなかったお札」に押し込むことは不可能だからです。よって、

**1000円札は「選ばれなかった6枚＋1枚」以上＝7枚以上**

ということがわかります。同様の発想で、

> 2000円札は「選ばれなかった6枚+2枚」以上＝8枚以上
> 5000円札は「選ばれなかった6枚+5枚」以上＝11枚以上

とわかります。
さて、それぞれの最低枚数の合計は「7 + 8 +11 = 26」です。
そして**サイフの中に入っていたお札も全部で26枚。**
すなわち、26枚のお金の内訳は、

> 1000円札が7枚
> 2000円札が8枚
> 5000円札が11枚

であり、それらを合計した7万8000円が正解です。

| 正 解 | 7万8000円 |
|---|---|

**まとめ** いっけんすると「情報量が少なすぎて解けない！」と感じてしまいますが、「選ばれていない方」に着目することで解ける問題でした。目に見えている部分だけでなく、「見えていない部分」にも目を向けることで、わかる真実もあります。視点をズラすこともまた、ひらめきを生む方法のひとつなのです。

### POINT

- 目の前にあるものだけが手がかりではない
- 「見えていない部分」に目を向けることで、わかることもある

# 「考え方」を変えて発想できるか?

難易度 ★ ★ ★ ☆ ☆

視点を変えることで、ヒントが見つかります。柔軟な発想をするには、「考え方」自体を変えることも重要なのです。その意識をもてば、きっと次の問題も解けることでしょう。

## 白黒玉の入れ替え

20個の白玉と、13個の黒玉が入った箱がある。
あなたはこの箱からランダムに2個の玉を取り出していく。

もし玉の色が同じなら、白い玉1個を箱に入れる。
もし玉の色が違ったら、黒い玉1個を箱に入れる。

あなたはこれを繰り返す。
取り出した2つの玉は箱の中には戻さないので、
箱の中の玉は減っていくことになる。
**箱 の 中 に 最 後 に 残 る 玉 は 何 色 だ ろ う か ?**

「もともと入っているのは白玉の方が多いから、なんとなく白玉が残りそうだよね」。そう思ったあなた！　論理的思考をあきらめてはいけません。とはいえ、取り出す玉の組み合わせをひとつずつ検証する必要はありません。タイトルのとおり、何に着目するかがポイントです。

## 箱の中身はどう変化する？

　2つの玉を取り出し、同じ色なら白い玉を1つ、違う色なら黒い玉を1つ入れる。

「2個取り出す→1個入れる」なので、1回行動を起こすごとに、箱の中の玉の数は1つずつ減っていきます。

　かなり難しそうに見える問題ですが、**パターンを単純化して考えるとシンプルになります**。

　玉を取り出したときの箱の中身は、以下のように置き換わります。

| 取り出した玉 | 入れる玉 | | 箱の中の増減 |
|---|---|---|---|
| 白・白 | 白 | ▶ | 白−1 |
| 黒・黒 | 白 | ▶ | 黒−2・白+1 |
| 白・黒 | 黒 | ▶ | 白−1 |

　ここで着目すべきは**「黒玉の減り方」**です。

　箱の中から黒玉が減るのは、取り出した2つの玉が「黒黒」のときのみだとわかります。

## 減る数が重要なのではない

　黒玉が減るパターンの方が少ないから、最後に残るのは黒玉……のようにも思えますが、違います。

　ポイントは減る数や確率ではなく、

## 「黒玉は２個いっぺんにしか減らない」ということ。

　箱の中に最初にあった玉の数は「白が20、黒が13」です。

　つまり黒玉は、**かならず奇数個が箱の中に残ります。**

　黒玉は13→11→9→7→5→3→1と減っていき、最終局面の一歩前では、かならず「白１、黒１」という状況になります。

　最後にそれを取り出すと、玉の色は「白黒」なので、黒玉を箱の中に入れます。

　よって、最終的に箱の中に残るのは黒玉であるというわけです。

**正解｜　箱の中に最後に残る玉は「黒色」**

**まとめ**「何かのなかから色の違うボールを取り出して何かする」的な問題は、みんな苦手な「確率の問題」でよくあるやつですね。なので最初は「やばい！」って思いましたが、確率は１ミリも関係ありませんでした……。「個数」ではなく「減り方」に着目すると瞬時に解けるのですが、ちょっと思いつきづらいですよね。自力で解けた方は自慢しましょう。

**POINT**

- 目に見えている物体や現象だけでなく、そこからわかる「法則」「規則性」などに目を向けることで、発想が浮かぶこともある

# 「そもそも」の問題に気づけるか？

与えられた課題を考える前に、「そもそも、その考え方でいいのか？」と問うことも、柔軟な発想をするために必要です。次の問題、考えるべきポイントがわかるでしょうか。

## 17頭の牛

17頭の牛がいる。
A,B,Cの3人は、この牛を譲り受けることになった。
ただし条件として、牛全体の頭数のうち
Aは2分の1を、Bは3分の1を、Cは9分の1を、
それぞれ譲り受けねばならない。

しかし、うまく分けられず困っていたところ、
そこに偶然通りかかった友人が「あること」をして、
条件どおりに牛を分配した。

**友人はいったい何をしたのだろう？**

**解説** 「そんな面倒な内容で分けなきゃいいのに……」というのが本音かもしれません。かなり有名な古典的問題であり、こんな無理難題も、論理の力でなんとかできてしまうのですから驚きです。

## 「不可能」であることに気づけるか

まず、問題文にあるとおり、本当に「この条件ではうまく分けられない」のかどうかを検証してみましょう。

> Aに2分の1＝8.5頭
> Bに3分の1＝5.6666…頭
> Cに9分の1＝1.8888…頭

たしかに、どの条件でもうまく割り切れません。
そもそもこの条件、よく考えると、

> $1/2 + 1/3 + 1/9 = 17/18$

となります。
17頭の牛を18等分するわけですから、

**そもそも不可能な条件なのです。**

## 友人がとった「ある行動」とは

それなら、17を無理やり18等分できるようにすればいいのです。
そのためには、どうするか。
簡単です。**1頭足して、18頭にすればいいのです。**
これが、友人がおこなったことです。

A：全体（18頭）の2分の1 = 9頭
B：全体（18頭）の3分の1 = 6頭
C：全体（18頭）の9分の1 = 2頭

それぞれの条件による分割が可能になりました。

「いやいや、数を変えていいなんて、そんなの反則だろ」
と思うかもしれませんが、大丈夫です。
上記の分配をおこなった結果は、

9 + 6 + 2 = 17

なので、「17頭を分けた」という事実は変わっていないのです。
そして余った1頭（友人が足してくれた1頭）を友人に返せば、「条件
どおり」かつ「誰も損をしない」分配が可能です。

## 正解　│　友人は牛を1頭追加した

**まとめ** そのままでは分けられなかったことが、1頭足すだけで分けら
れてしまう。しかも、その1頭を残したまま。なかなかの発想力が問わ
れる問題でしたが、そもそもの条件が不可能であると気づけたら、「じゃ
あ、牛を足すしかないじゃん」と発想できたことでしょう。ちなみに問
題の原型は「3人の息子と17頭のラクダ」。2000 〜 3000年前の名も
なきアラビア人数学者が考え出したものと伝えられています。

### POINT

- 与えられた状況のとおり考えて、正解を導けるとは限らない
- 「そもそも、このとおり考えていいのか?」から考える

# 状況にとらわれずに
# 考えられるか？

問題の状況に目を向けることは重要ですが、**その前提状況にとらわれるのも避けたいところ**。次の問題、自由な発想で解けるでしょうか。

# 10枚のコイン

テーブルの上にたくさんのコインが置かれている。
コインは10枚だけが表になっており、
残りはすべて裏になった状態である。

あなたは目隠しをしたままコインを2グループに分け、
2つのグループの「表になっているコインの枚数」が、
同じになるようにしなくてはならない。

**さて、どうすればよいか？**

**解説** きわめて簡素な内容ながら、その解法を導くのはかなり困難に思えます。論理的思考問題のなかでも、発想力という点で最高峰に位置する問題です。とはいえ、目隠しされる前に手を打つとか、他の人の助けを借りるといった突飛な発想は必要ありません。純粋に、論理的な方法で解決できます。ちなみに、私は解けませんでした……。

**ヒント** 「表が10枚」という前提状況にとらわれてはいけない

## シンプルすぎる解答

　正直、これは発想力が問われる問題なので、糸口を見つけて正解を導いていくのは難しいかもしれません（すみません……）。

　なので、先に答えをお伝えしてしまいます。

　答えは、以下のとおりです。

① コイン全体を「10枚」と「その他」のグループに分ける
② 次に「10枚」のグループのコインをすべて裏返す
③ これで2つのグループのコインは表の枚数が同じになる

　……はは。

　何が起こっているのかよくわからないですね。

　これでうまくいく理由を説明していきます。

## コインを2つのグループに

　まず、たくさんのコインを「10枚のコイン」と「それ以外のコイン」のグループに分けます。

　「10枚のコイン」グループに含まれる「表のコイン」は何枚でもかまいません。

　そもそも目隠しをされているため、意図的に選び抜くことは不可能です。

このとき、「10枚のコイン」グループに含まれる表のコインの枚数を「n」とすると、以下のような関係が成り立ちます。

- 「10枚のコイン」グループにある表のコインはn枚
- 「それ以外のコイン」のグループにある表のコインは（10-n）枚

いきなり「n」とか使ってすみません……。
本書に登場する唯一の数学っぽい要素になりますので、ご勘弁を。
これは要するに、

**「ランダムに選んだ10枚のグループ」の方に表のコインが3枚あったら、「それ以外のグループ」の方には表のコインが7枚ある**

みたいな話です。
　当初、すべてのコインのうち「10枚だけが表になっていた」ので、これは当然ですよね。

## 「10枚のコイン」をすべて裏返す

　さて、この状態で「ランダムに選んだ10枚」のグループのコインをすべてひっくり返します。

　表になっているコインがn枚存在する10枚のコインを裏返すと、表のコインの枚数は（10-n）枚になります。
　まだわかりづらいですね。要するに、

**「3枚が表、7枚が裏の10枚のコイン」をすべてひっくり返すと、「3枚が裏に、7枚が表になる」**

ということです。
　さて、ここで2つのグループのコインの状況を確認してみましょう。

- 「10枚のコイン」グループにある表のコインは（10-n）枚
- 「それ以外のコイン」グループにある表のコインは（10-n）枚

見事に 2 つのグループにある表のコインの枚数が同じになっています！

| 正 解 | コイン全体を「10枚」と「それ以外」のグループに分ける。次に「10枚」のグループのコインをすべて裏返す。これで2つのグループのコインは表の枚数が同じになる。 |
| --- | --- |

**まとめ** 「10枚のコインが表になっている」という状況から、つい「表が 5 枚ずつのグループに分けなければならない」と思ってしまいがちですが、文章にはそう書かれていません。そこで「コインを裏返す」という柔軟な発想ができるかどうかがポイントでした。もし前提条件が「7 枚のコインが表になっている状態」であったら、「表になっているコインを単純に分けるわけではない」と気づけたかもしれません。「偶数だから、そのまま分けられるはず」という先入観が邪魔になる問題でもありました。ちなみにこの問題は、AppleやJPモルガンの入社試験でよく出題されているそうです。

**POINT**

- 「こういう状況だから、こうしなければいけない」という思い込みが、解決策の発想を遠ざけてしまう

# 発想を飛躍させる
# 最善策を知っているか？

難易度 ★ ★ ★ ★ ★

先入観を捨てて発想を飛躍させる、**とっておきの方法があります**。次の問題で、その考え方を身につけてみましょう。

## 偽造コインの山

1枚1グラムのコインを、
10枚積み上げた山が10個ある。
そのうち9つの山は本物のコインでできているが、
残り1つの山は偽造コインだけでできている。

偽造コインは本物より1グラム重いとわかっているが、
わずかな差であるため手で持って判別するのは難しい。

そこで重さを数値で表すタイプの体重計を使って、
どれが偽造コインの山か突きとめたい。

**最低何回、体重計を使えばいいだろうか？**

ここで問われているのは体重計を使う「最低回数」です。これが、なかなかやっかいです。たとえば「5回」で特定する方法が見つかったとしても、「それ以下の回数では特定できない」とは言い切れないかもしれません。こんな問題、明確な答えは出るのでしょうか。頭を抱えそうになりますが、「この他にない明確な答え」が出る、とてもスッキリする問題です。

**ヒント1** 偽造コインの山にあるコインは、すべて「偽造コイン」である
**ヒント2** 体重計には何枚でもコインを載せられる

## ふつうに考えると、どうなるか

コイン10枚でつくられた山が、全部で10個。
つまりこの場に存在するコインは、10×10=100枚。

偽造コインは本物より1グラム重いため、それを見抜くには、1つ目の山を量って、次に2つ目の山を量って……。
そうやって、9つ目の山まで量っていく。
つまり最低9回は体重計を使う必要がある。

そんなふうに考えてしまいがちですが、間違いです。
もっと少ない回数でいけます。

## 抜き出したコインの出所を特定するには

ポイントになるのが、山の構成です。
偽造コインの山は、その10枚すべてが偽造コインです。
ということは、10の山それぞれから1枚ずつコインを抜き出せば、その中にはかならず偽造コインがあります。
つまり、**抜き出した10枚のなかで、重さが違う1枚がもともとあった山が、偽造コインの山です。**

ですが問題は、抜き出すコインが１枚ずつだと、結局、何回も体重計を使う必要があるということです。そこで、

### 山によって抜き出すコインの枚数を変えます。

　１つ目の山から１枚、２つ目の山から２枚、３つ目の山から３枚……10個目の山から10枚と、それぞれコインを抜き出します。
　すると抜き出したコインは「１＋２＋３＋４＋５＋６＋７＋８＋９＋10＝合計55枚」になります。
　これをまとめて体重計に載せれば終わりです。

## これ以外にない明確な答え

　55枚のコインは、すべてが本物であれば、重さは55グラムになるはずです。
　ですが、少なくとも１枚以上は偽造コインが交ざっているため、実際は何グラムか重い数値になります。

### 55枚のコインが「本物のコイン55枚分」より何グラム重いのか。

　これを見ることで、どれが偽造コインの山かがわかります。

　たとえば抜き出した55枚のコインが、本来の重さより１グラムだけ重かった場合。
　１枚の偽造コインが交じっているということです。
　つまり、「１枚だけコインを抜き出した山」が、偽造コインの山だと判明します。

　この方法なら、**体重計を１回使うだけで、偽造コインの山を見抜けます。**
　これ以下の回数はないため、明確に「これが正解」だと言えます。

## 正解 ｜ 体重計は1回使えばいい

**まとめ** それぞれの山から抜き出すコインの数を変えることで、結果の数値と、原因となった山を紐づけることができました。ひらめきの要素も多い問題でしたが、ポイントがあるとしたら、はじめから「1回で解決できる方法を探そう」と考えることでしょうか。ふつうに考えると何回も体重計を使う必要がありそうですが、そこから少しずつ効率化していったところで、1回という答えに辿り着くのは難しいかもしれません。「1回でやる」と決めたからこそ、改善ではなく、改革的な発想が生まれます。いっけん無謀に思える目標を設定することで、小さな改良や改善ではなく、抜本的な新しい方法を模索することになり、水平思考が働くのです。

### POINT

- ふつうの方法では実現できない「無謀な目標」を設定して考えてみると、おのずと突飛な発想をせざるを得なくなる

# 可能性を手放す
# 勇気はあるか？

難易度 ★ ★ ★ ★ ★

何かの方法でうまくいかないとき、それに執着していては、袋小路にはまります。次は、**潔く可能性を捨てることで道が開ける**、そんな問題です。

## 宝石の郵送

取引先に宝石を送りたいが、相手の国は治安が悪く、
南京錠をかけた箱でないと中身が盗まれてしまう。
南京錠をかければ盗まれることはなく、安全に郵送できる。
どんな南京錠でもよく、箱にはいくらでも錠をかけられる。

しかし、あなたが持っている南京錠の鍵を、取引先は持っていない。
そして「南京錠のかかった箱」と一緒に「鍵」を送れば、
当然、箱は開けられ中身が盗まれる。

**どうすれば安全に宝石を郵送できるだろうか？**

**解説** 宝石を送りたいけれど、「南京錠のかかった箱」に入れないと安全に送れない。ここで問題となるのが、鍵の郵送です。しかし、鍵を箱と一緒に送っても、箱が開けられて中身が盗まれる。箱の中に鍵を入れたら、その箱を開ける鍵の郵送がさらに必要になる。かなり難しい問題のように思えますね。

数字がまったく登場しない論理的思考問題ですが、その分、発想力が必要になります。じつは驚くほどスマートな正解が存在するのですが……。さて、この状況を打破する方法とは？

**ヒント1** 箱は何往復させてもいい
**ヒント2** 「箱にはいくらでも錠をかけられる」がポイント

## ポイントは往復の数

どう考えても不可能そうですが、スマートに解決する方法があります。

ここでも、先に正解をお伝えしてしまいましょう。

① あなたは箱に「南京錠A」をかけ、取引先に郵送する
② 箱を受け取った取引先が、そこに「南京錠B」をかけ、あなたに返送する
③ 箱を受け取ったあなたは、箱にかかった「南京錠A」を外し、箱を取引先に郵送する
④ 箱を受け取った取引先は、「南京錠B」を外して箱を開け、宝石を受け取る

これです。

## ヒントに気づけるか

発想が大事な問題なので、とくに解説することもないのですが、ポイ

ントは２つ。

　"箱にはいくらでも錠をかけられる"

という情報から、発想できたかどうか。
　基本的に論理的思考問題には、

## 「無駄になる情報」は登場しません。

　この一文から、「ということは箱に複数の錠をかけるのかも？」と発想できるかどうかが分かれ道です。

## 不可能に気づけるか

　そして、もうひとつ。**「一度の郵送で解決するのは不可能だから、複数回の往復が必要になる」**と気づけるかどうかも重要です。
　「一度の郵送で解決できるはず」という先入観に縛られていたら、この問題は解決できません。

　**試行錯誤をしてみてダメだったら、潔く可能性を捨てることも大切です。**

　そうすれば、「複数回の郵送で解決する方法はないか？」と思考を切り替えられたことでしょう。

　そういう意味で、「水平思考」が必要な問題だったのです。

| | |
|---|---|
| **正解** | あなたは箱に「南京錠Ａ」をかけ、取引先に郵送する。箱を受け取った取引先が、そこに「南京錠Ｂ」をかけ、あなたに返送する。箱を受け取ったあなたは、箱にかかった「南京錠Ａ」を外し、箱を取引先に郵送する。箱を受け取った取引先は、「南京錠Ｂ」を外して箱を開け、宝石を受け取る。 |

**まとめ** 数字がからまない問題は解けると大変気持ちいいですね。取引先に箱を開けさせるのではなく、「鍵をかけて送り返させる」と発想できた人は、なかなかの水平思考の持ち主です。ちなみに現実的に考えると、「箱を盗んだ人が、正解の手順を取引先に成りすましておこなう」という危険性があるかもしれません。ですが、そこは問題文の「南京錠をかければ盗まれることはなく、安全に郵送できる」という一文を信じましょう。

なお「異なる2つの鍵を使って安全に送受信をおこなう」というシステムは、現実でのサイバーセキュリティでもよく活用されます。公開鍵暗号方式と共通鍵暗号方式を組み合わせた「SSL」などがとくに有名です。

**POINT**

- どう考えても活路が開けないときは、いっそその方法を潔く手放して、別の可能性を考えてみることも大切

# あらゆる情報を
# 発想の糧にできるか?

難易度 ★ ★ ★ ★ ★ + ★ ★

水平思考の締めくくりとして、超難問に挑戦してみましょう。**あらゆる情報を手がかりにして、正解を導く方法を発想できるでしょうか。**

## 投票結果のカウント

ある投票がおこなわれた。
その集計係に、あなたは選ばれた。
投票された人の名前が1票ずつ読まれていく。
全投票数の過半数を得た人がいることがわかっていて、
その名前を特定したい。

しかしあなたが持っているのは、
数字を1つずつ増減できるカウンターのみ。
さらに、あなたは同時に1つの名前しか覚えられない。

さて、どうすればよいか?

**解説** ただよう難問感……。とてもシンプルな問題ですが、どうすればいいのか方向性がまったく見えません。そもそも「同時に1つの名前しか覚えられない」とかもう、解かせる気がない。たとえその条件がなかったとしても、読み上げられていく名前をすべて記憶して集計するなんてふつうの人には無理でしょう。登場する要素はそれほど多くありませんが、そのすべてをヒントだと考えて、解決策を柔軟に発想してみましょう。ちなみに、「PCに入力する」「投票用紙を候補ごとに分けて比較する」といったトンチ的な発想は必要ありません。

**ヒント1** すべての候補の得票結果はわからなくても問題ない
**ヒント2** 最終的に「過半数を得た人」だけわかればいい


## 与えられたすべての情報を手がかりに

　論理的思考問題の基本は、「与えられた情報から手がかりをつかむ」ことです。
　そこで、唯一与えられたツールである

### 「1つずつ増減できるカウンター」

　これを考えてみると、あることに気づきます。
　それは、**「1ずつ減らせるカウンターは珍しい」**ということ。
　よくあるのが「数字のカウントアップかリセットしかできない」もの。1つずつ減らせるということは、

### 「数字を減らす」という行為が重要

　だと示しているように思えてきませんか？

　また、「1つの名前しか覚えられない」ことにも注目です。
　2つは無理でも、1つは覚えられるということは、

**「読み上げられた名前が、覚えている名前と同じかどうかの判断はできる」**

ということです。

これも、大きなヒントになります。

# 「小さなケース」から考えていく

こういうときは、まずは「小さなケース」から考えてみましょう。

たとえば、候補が「A,B,C,B,B」といった順で読み上げられた場合。

読み上げられた名称に対して、「覚える」、そして数字を「増やす」もしくは「減らす」の行為をして、過半数を獲得している「B」を最終的に覚えておければ解決です。

まずは最初に読み上げられる「A」。

最初なので、ひとまず覚えて、数字を増やしてみましょう。

次の「B」が悩みどころですが、「A」のときと同様に数字を増やすと「A」との判別ができないため、ここでは数字を減らしてみましょう。

そのため、カウントは「ゼロ」に戻ります。

そして次の「C」ですが、新たな候補として記憶して、数字を増やしてみましょう。

すると次の「B」は、記憶している「C」とは異なります。

ここでも、数字を増やしてしまうと「C」との判別ができないため、数字を減らしてみましょう。

すると、数字はふたたびゼロに。

ですが最後に「B」がきて、それを新たに記憶し、カウントは「1」で終わります。

最終的に、過半数を獲得した「B」を記憶しておくことができました。

## 他のケースでも検証してみる

いまのケースでおこなったのは、要するに次の動作です。

- 「最初に読まれた名前」を記憶して、カウンターの数字を1つ増やす
- カウンターが1以上のとき、「読まれた名前」が「記憶している名前」と同じだったら数字を1つ増やす
- カウンターが1以上のとき、「読まれた名前」が「記憶している名前」と違ったら数字を1つ減らす
- カウンターがゼロに戻ったら、次に読まれた名前を記憶して、数字を1つ増やす

これでうまくいきましたが、この法則は、「先ほどのケース」だからうまくいった可能性もあります。

たとえば、以下の疑念が湧いてくるでしょう。

① 最後に読まれるのが「過半数を獲得した候補」でなかったら？
②「記憶から消した」候補が、最終的に過半数を獲得していたら？

では、検証してみましょう。

## 「過半数を得た候補」が途中で出てくる場合

たとえば、「A, A, B, B, B, A, A, A, C,」といった場合。

以下、[「記憶している名称」:『読まれた名前』: カウンターの数字] という形でシミュレーションしてみます。

- 「　」:『A』: 1（最初に読まれた候補を記憶する）
- 「A」:『A』: 2（記憶している『A』と同じなので数字「増」）

- 「Ａ」：『Ｂ』：1（記憶している『Ａ』と違うので数字「減」）
- 「Ａ」：『Ｂ』：0（記憶している『Ａ』と違うので数字「減」）
- 「　」：『Ｂ』：1（ゼロに戻ったので新たに『Ｂ』を記憶して数字「増」）
- 「Ｂ」：『Ａ』：0（記憶している『Ｂ』と違うので数字「減」）
- 「　」：『Ａ』：1（ゼロに戻ったので新たに『Ａ』を記憶して数字「増」）
- 「Ａ」：『Ａ』：2（記憶している『Ａ』と同じなので数字「増」）
- 「Ａ」：『Ｃ』：1（記憶している『Ａ』と違うので数字「減」）

　この場合、最終的に記憶しているのは、過半数を獲得した『Ａ』です。

　**過半数を獲得した候補が途中で読まれていても、また、一度記憶から消えていたとしても、最終的には記憶できています。**

　これで疑念は解決されました。

## なぜこれで、うまくいくのか？

　全体の過半数を獲得した候補がいる場合、この方法を使えば、最後に記憶しているのはかならずその候補の名前になります。

　**これは、「全体の過半数を獲得した候補」がカウンターを動かす回数は、「その他の候補」がカウンターを動かす合計数より多いからです。**

　たとえば、「過半数を獲得した候補が読まれた数」をプラス、「その他の候補が読まれた数」をマイナスとして合計したとき、どうやってもゼロにはなりません。

　なぜなら、「過半数」を獲得しているからです。

　そのため、他の候補が読み上げられようとも、終了時にはかならず「全体の過半数を獲得した候補」の名前が記憶されています。

　読まれる名前の順序にかかわらず、絶対にそうなるのです。

| 正解 | 「最初に読まれた名前」を記憶して、カウンターの数字を1つ増やす。カウンターが1以上のとき、「読まれた名前」が「記憶している名前」と同じだったら数字を1つ増やす。カウンターが1以上のとき、「読まれた名前」が「記憶している名前」と違ったら数字を1つ減らす。カウンターがゼロに戻ったら、次に読まれた名前を記憶して、数字を1つ増やす。これで最後に記憶していた人物が、過半数を得た人。 |
|:---:|:---|

**まとめ** 問題を解く手順を定式化したものを「アルゴリズム」と言います。本問はアルゴリズムの有名問題として知られており、1981年に、アルゴリズムをテーマにした海外の雑誌に掲載された論文が元になっています。たとえ数百種類の候補があったとしても、「覚えている名前と同じならプラス、違うならマイナス」という簡単なルールを設けるだけで、正しい答えに辿り着けます。

なお、問題文の前提として「過半数を得た人がいる」とあるように、この方法は「過半数を得た人がいる」ときのみ有効です。たとえば、解説の中でおこなった「A,A,B,B,B,A,A,A,C」のシミュレーション。もし最初の「A」が「B」だった場合、全体の票数9に対して「A」が獲得したのは4票、「B」が獲得したのも4票となり、「過半数を獲得した人」がなくなってしまうため、結果が変わってしまうのです。「2候補で全票を半分ずつ獲得した」場合も、この手法は使えません。

## POINT

● すべての情報をヒントにして、あらゆる可能性を考え、仮説を立て、単純化して検証し、選択肢を絞る。それこそが真の水平思考

# 第 4 章

# 俯瞰思考

のある人だけが
解ける問題

自分が見ている部分だけにとらわれず、

全体像を把握したうえで考える。

それが、俯瞰思考です。

よく「鳥の目線で考えること」とも言われます。


たとえば、急な雨で傘がなくて困っていたとしても、

視野を広げて周りを俯瞰すると、

カバンを傘がわりにする人や、雨宿りしている人。

なかには、気にせず降られている人も見えてきます。

そういった人たちを見わたすように、

あらゆる選択肢をふまえて最善策を選ぶ姿勢です。


不測の事態や困難に出くわすと、

つい突発的に対処しがちですが、

頭のいい人は、状況を冷静にとらえ、

知的な選択をします。

そんな俯瞰思考が問われる、12問をご紹介します。

# 冷静に状況を
# 俯瞰できるか？

難易度 ★ ☆ ☆ ☆ ☆

一部分だけ見ていてもわからなかったことが、全体像が見えた
とたん解けてくる。その感覚がつかめる、いちばん簡単な問題か
らはじめてみましょう。

## ３つのフルーツボックス

３つの箱がある。
箱はそれぞれ、以下のとおり。
「リンゴが入れられた箱」「ミカンが入れられた箱」
「どちらかがランダムに入れられた箱」

当初、箱には『リンゴ』『ミカン』『ランダム』と、
正しいラベルが貼られていた。
しかし何らかの力によって、
すべてのラベルが間違った箱に貼り直された。
３つの箱の中身を特定するには、
最少でいくつの箱を開ければいいだろうか？

最初の問題は、３つの箱の中身を特定する方法。もちろん、すべての箱を開けてしまえば中身はわかります。当然、２つでも箱を開ければ、残り１つも消去法でわかります。そんなわけで、ふつうに考えたら答えは「２つ」になるはず。でも、そんな簡単なことがわざわざ問題になるのかということを考えると……？

## パターンの少なさに気づけるか

　この問題には、驚くほど少ない回数ですべての箱の中身を見破れる仕掛けが存在しています。

　鍵になるのは、この一文。

　"しかし何らかの力によって、すべてのラベルが間違った箱に貼り直された。"

　３つのラベル『リンゴ』『ミカン』『ランダム』は、すべて間違った箱に貼られた。すなわち、

　『リンゴ』のラベルがついた箱の中身はミカンかランダム。
　『ミカン』のラベルがついた箱の中身はランダムかリンゴ。
　『ランダム』のラベルがついた箱の中身はリンゴかミカン。

ということが確定します。
　つまり、ありえる組み合わせの可能性は以下の２パターンのみ。

| | 箱に貼られた"間違った"ラベル | | |
|---|---|---|---|
| | 『リンゴ』 | 『ミカン』 | 『ランダム』 |
| 中身のパターン1 | ミカン | ランダム | リンゴ |
| 中身のパターン2 | ランダム | リンゴ | ミカン |

## なぜ2パターンに限定できるのか

なぜこの組み合わせに限定できるのか。

順を追って考えてみましょう。

たとえばラベルが『リンゴ』の箱の中身がミカンだった場合。

このとき、ラベルが『ミカン』の箱の中身として考えられるのはランダムかリンゴですが、もしリンゴだとすると、何が起こるでしょう？

唯一残っている、ラベルが『ランダム』の箱の中身が、ランダムだということになります。

これは問題文にある「すべてのラベルが間違った箱に貼られた」という状況と矛盾してしまいます。

「3つすべてのラベルが間違った箱に貼られていないといけない」という強力な制限から、成立するパターンはかなり少なくなってしまうのです。

## 開けてはいけない箱

組み合わせが2パターンしかないのなら、どれか1つの箱の中身が確定できれば、おのずと他の箱の中身も確定します。

ですが、どれでもいいから適当に確認すればいいわけではありません。

**「ランダム」という存在には注意が必要です。**

仮に、ラベルが『リンゴ』となっている箱を開けて、そこにミカンがあったとします。

ですがそれだけでは、それがミカンの箱だったのか、ランダムの箱だったのかは、わかりません。

ランダムの箱にたまたまミカンが入っていた可能性があるからです。

つまり、**中身がランダムである箱は絶対に開けてはならないのです。**

ということは、開けるべき箱は？

　唯一、中身がランダムである可能性がない、『ランダム』のラベルが貼られた箱です。

　ラベルが『ランダム』の箱を確認して、中身がリンゴだったら、それぞれの箱の中身は「パターン1」に。

　『ランダム』の中身がミカンだったら、それぞれの箱の中身は「パターン2」だとわかります。

| 正解 | 1つ |

**まとめ** やるべきことが多すぎて嫌になる……後回しにしよう。そう思っていたのが、じつはひとつの作業さえすれば、他の作業も同時に解決したなんてことはよくあります。まずは状況を俯瞰してみるクセがつくと、無駄な選択肢や作業をカットできるようになります。忙しい方にはおすすめの思考です。

## POINT

- ひとつの情報を得られることで、他の部分も見えてくることがある
- まずは状況を俯瞰して、キーになるポイントを見つけるのが大事

# 俯瞰すべき選択肢を
# 洗い出せるか？

難易度 ★ ☆ ☆ ☆ ☆

状況を俯瞰するための情報がすでに提示されているとは限りません。ヒントをもとに、**自力で選択肢を洗い出すことが必要なとき**もあるのです。

## 72の年齢当て

同僚には3人の娘がいる。
あなたはヒントをもらい、年齢を当てるゲームをはじめた。

さて、3人の娘の年齢は？

解説 「3番目のヒントって意味あるのか……？」と、ほとんどの人が思ったことでしょう。1番目のヒントはわかります。2番目も……ヒントになっているかどうかは怪しいですが、まあギリギリわかります。3番目ですよね、問題は。ぱっと見、何のヒントにもなっていません。にもかかわらず、その一言で3人の年齢が特定できたのです。どういうことだ……？　もちろん、すべてのヒントに意味があります。そう、3番目のヒントにも。

# 第1のヒントでわかること

1番目のヒントは、

"全員の年齢をかけると72になる"

でした。そんなわけで、まずは、

**「すべてかけると72になる3つの数字」の組み合わせをすべて書き出してみましょう。**

賽の河原で石を積むみたいな、終わることなきタスクのように思えますが、大丈夫。
ありえる組み合わせはそれほど多くありません。

```
(1,1,72)
(1,2,36)
(1,3,24)
(1,4,18)
(1,6,12)
(1,8,9)
(2,2,18)
(2,3,12)
```

（2,4,9）
（2,6,6）
（3,3,8）
（3,4,6）

これで正解の候補は12パターンに絞れました。

# 第2のヒントでわかること

2番目のヒントは、こちら。

"全員の年齢を足すと今日の日にちになる"

まずは、12パターンの年齢を、それぞれ足してみましょう。

（1,1,72) = 74
（1,2,36) = 39
（1,3,24) = 28
（1,4,18) = 23
（1,6,12) = 19
（1,8,9) = 18
（2,2,18) = 22
（2,3,12) = 17
（2,4,9) = 15
（2,6,6) = 14
（3,3,8) = 14
（3,4,6) = 13

第2のヒントでは、足すと「今日の日にち」になると言っています。
1ヶ月は多くても31日までです。
つまり、**足した数は少なくとも31以下だとわかります。**

そしてもうひとつ、重要な情報が隠されています。

それは、あなたはこの第2のヒントを聞いても答えがわからなかったということです。

あなたが今日の日にちを知らなかったという意味ではありません。

### 日にちを知っていても、特定できなかった

という意味です。

たとえば今日の日にちが15日であったなら、あなたは正解の組み合わせが「2,4,9」だと、この時点で気づけます。

でも、今日の日にちが14日であった場合、どうなるでしょう。

合計すると14になる組み合わせは2つあるため正解を特定できません。

つまり第2のヒントを聞いても正解できなかったということは、足した合計が31以下であり、合計数（今日の日にち）を知っていても正解を1つに特定できない、

（2,6,6）
（3,3,8）

のいずれかが、3人の年齢だということです。

## 第3のヒントでわかること

3番目のヒントは、

"いちばん上の子だけアイスが好き"

でした。

最初はこのヒントが答えにどう関わるのか、わからなかった人も多いと思いますが、ここまでくれば明らかです。

大事なのは「アイス」以外の部分。

## 「いちばん年齢が高い子が1人だけ存在する」

という情報です。

第2のヒントまでで絞れた組み合わせのうち、「いちばん年齢が高い子が1人だけ」存在しているのは「3,3,8」の組み合わせのみです。
すなわち、3人の年齢は「3歳、3歳、8歳」が正解です。

| 正解 | 上から順に8歳、3歳、3歳 |
|---|---|

**まとめ** 正解を導く効率のよいやり方がありそうに見えて、かなり地道な方法で考えていく問題でした。まずは、考えられるすべての可能性を洗い出す。天才的な解決策をいつまでも考えるよりも、ときにはシンプルな方法が、いちばんの近道だったりすることもあるんですね。

そうやって洗い出した無数の選択肢も、わずかな条件が加わることで一気に可能性を狭めることができます。事前に手を動かして選択肢を俯瞰できていたからこそ、すべての情報をヒントに変えて可能性を絞り込んでいけた問題でしたね。

### POINT

- 状況を俯瞰するには、まずは情報や可能性を洗い出す必要がある
- 効率よく答えに辿り着こうとせず、まずは地道に考えてみる

# 隠された事実を
# 炙り出せるか？

全体像を俯瞰することで、謎が解けてくる。そのための、**最も簡単な方法があります**。次の問題で、その方法を身につけてみましょう。

## 見落とした印刷ミス

2人の編集者A,Bが、同じ本をチェックしている。

Aは75個の印刷ミスを見つけた。
Bは60個の印刷ミスを見つけた。
そのうち50個は、2人とも共通で見つけたミスである。

さて、本の印刷ミスは、

**全部でいくつあると推測できる？**

本を読んでいて印刷ミスに気づくこと、たまにありますよね。本書も何度も確認していますが、それでも完全にはなくならないのが印刷ミスです（とはいえ、この問題に登場している本はミスが多すぎるとは思いますが……）。

見つかってもいないミスの全体像を推測する方法などあるのでしょうか。頭の中だけで考えていると混乱しますが、ある方法によって全体が俯瞰できると、おのずと答えが見えてきます。

# 俯瞰するために最適な手法

"Aは75個の印刷ミスを見つけた"

"Bは60個の印刷ミスを見つけた"

"そのうち50個は、2人とも共通で見つけた"

数字だけ見ても、よくわからないですよね。

そんなときは図に落とし込んでみると、わかりやすくなります。

2人の見つけた印刷ミスを図に落とし込んでみましょう。

ポイントは、2人が共通して見つけているミスもあることです。

たとえば、こんな感じでまとめられます。

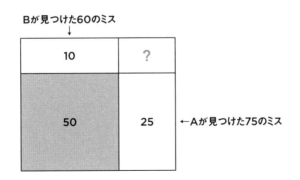

グレーの部分が、2人が共通で見つけた印刷ミスです。

この図の「右上の部分」、つまり2人とも見つけていないミスがいくつになるのかを考えればいいわけです。

# 「比率」を求める

ここでポイントになるのが、

## 「比率」で考える思考です。

　Bが見つけたミスのうち、Bだけが見つけたミスと、Aも見つけたミスの比率はこうです。

10 : 50 ＝ 1 : 5

この比率を、Bが見つけていないミスの方にも当てはめてみます。

● Bだけが見つけたミスと、Aも見つけたミスの比率
● Bが見つけられなかったミスと、Aだけが見つけたミスの比率

これを同じだと考えると、「？」の部分が見えてきます。
すると、こうなります。

1 : 5 ＝ ？ : 25　→　？＝5

2人が見つけていないミスは「5」だとわかりました。
それぞれの数字の比率を見ることで、未知の部分を推測できました。

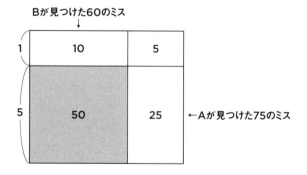

あとは、すべての数字を足すだけ。

10＋5＋50＋25＝90

つまりこの本の印刷ミスは、全部でおよそ90個あると推測できます。

正解　|　　　　　　　90個

まとめ　わかっている情報を図に落とし込むことで、「面積」を求めるようにして印刷ミスの数を推測できる面白い問題でした。ここで導き出した90という数字は、「だいたい90個前後だろう」という近似値ではあります。実際のところ、この本の印刷ミスの合計数が正確に90個なのかどうかはわかりません。ですが、そういった未知数を推測するために論理的思考があります。「ミスがいくつあるか、まったくわからない」というよりも、「ミスは90個くらいだろう」とおおよその見当がつけられた方が、現実でも明らかに役立ちますよね。

こうした、「これまでの結果から、こう考えられる」という結果を論理的に導けることこそ、まさに「ちゃんと考える力」なのだと思います。

POINT

- 図に落とし込んで俯瞰することで、考えるべき部分が明確になる
- わかっている情報との関係性によって、不明な事実を推測できる

## 俯瞰思考

### 4

**時間を超えて状況を俯瞰できるか？**

難易度 ★★★☆☆

ここまでの問題は、いわば「状況の俯瞰」でした。しかし状況は時間とともに変化するもの。**変わりゆく状況を俯瞰し続けられるでしょうか。**

---

# 異国のレストラン

とある5人が、異国でレストランを訪れた。
メニューには9つの料理名が書かれていて、
5人はそれを、日本語のブログで紹介したいと考えた。
しかしすべて外国語のため、何の料理かわからない。
料理を運ぶウエイターも、料理名は教えてくれない。

しかも日程の都合でレストランは計3回しか来店できず、
5人は一度の来店で1人1品ずつしか料理を注文できない。
また、来店ごとに注文の組み合わせを変えねばならず、
9つの料理をすべて注文しなければならない。

**どうすれば、9つの料理名と内容を
特定できるだろうか？**

なお、過去に注文した内容と、出てきた料理はメモできる。

200

問題文、長すぎません？　ここまで辿り着いた方は半分正解で
もいいくらいです。いいってことにしてほしい。

さて、頭を抱える難問ですが、俯瞰してとっかかりを見つけましょう。
注文の仕方によっては料理の名称を特定できそうです。たとえば、2人
がAという料理を頼み、他の3人がBという料理を頼んだとします。
すると、出てきた料理のうち、2つある料理がA、3つある料理がB
だとそれぞれ特定できます。

しかしこれでは、合計3回の来店で特定できるのは6品まで。特定し
なければいけない料理は全部で9品。不可能そうに見えますが、すべて
の料理を3回の来店で特定する方法があります。ヒントも見ながら挑ん
でみましょう。

**ヒント1**「過去に注文した内容と、出てきた料理はメモできる。」
　　　　　問題文にさらっと書かれたこの注釈文が、ものすごく重要
**ヒント2** 2つ重複する注文はあるが、3つ以上重複する注文はない
**ヒント3** 全体を通して、たった1回しか注文されない料理がある


# 「個 数」によって特定できるとき

　この問題の目的は、メニューに書かれている料理名と、実際に出てく
る料理を対応させることです。

　メニューに書かれている9つの料理名をそれぞれ「A,B,C,D,E,F,G,H,I」
とするなら、「Aはステーキ」「Cはスープ」といった感じに特定できれ
ば完了です。


　たとえば、5人の1回目の注文が「A,A,A,B,C」だとしましょう。
　このとき、**3つ出てきた料理が「A」**だと判明します。
　しかし「B」と「C」に関しては、これだけではどちらの料理が
「B」「C」なのかはわかりません。

　他にも、たとえば「A,A,B,B,C」と注文した場合、**1つだけ出てきた**

料理は「C」だと判明します。

　しかしこの場合も、「A」と「B」については、どちらも2つずつ出てくるため、どちらの料理が「A」「B」なのかはわかりません。

## 「重複」によっても特定できる

　では、「個数」以外に特定する方法はないのでしょうか。

　ここで、「3回注文できる」という条件が生きてきます。

　今回の注文で特定できなくても、次回来店時の注文によって特定できればいいのです。

　そのためには、

**「重複している注文」をつくるのです。**

　たとえば、1回目の注文が「A,A,A,B,C」で、2回目の注文が「B,D,D,D,E」だった場合、以下が判明します。

> A→1回目の注文で3つ出てきた料理
> B→1回目と2回目、両方の注文で出てきた料理
> C→1回目の注文だけに1つだけ出てきた料理
> D→2回目の注文で3つ出てきた料理
> E→2回目の注文だけに1つだけ出てきた料理

　1回目と2回目で特定の注文を重複させることで、「1回目だけ出てきた」「2回目でも出てきた」という形で特定できます。

　こうすることで、2回の注文で5つの料理を特定できました。

## 「メモ」が鍵になる

　これで、特定できていないのは「F,G,H,I」の4つになりました。

　しかし、残された注文のチャンスはあと1回のみ。

　一度の注文で4つの料理を特定する方法はありません。

1回目、2回目の注文で5つの料理を特定できたのは、「重複」があったからです。

　そのため3回目の注文も、他の回の注文と「重複」させる必要があります。
　2回目の注文と3回目の注文で、いくつかの料理を重複させます。
　そして、ここで忘れてはいけないのが、「過去に注文した内容と、出てきた料理はメモできる」という文章。
　つまり、もし3回目の注文のなかに1回目の注文と重複していた料理があった場合、それに気づくことができます。
　1回目と2回目、2回目と3回目、3回目と1回目と、すべての回で「重複」をつくることで、それによっても特定ができます。

## 3回の注文で「9品」を特定する方法

ここまでくれば、解決のための材料はそろいました。
情報を整理しましょう。
料理を特定できる方法は、以下ということがわかりました。

- 「複数」出てきた料理
- 「1つだけ」出てきた料理
- 「重複」していた料理

では、1回目の注文から考えてみましょう。
上記の方法を盛り込むと、このような注文になります。

1回目：A、B、B、C、D

「B」は、「複数出てくる」ことで特定させる料理です。
　残りの「A,C,D」のうち、たとえば「D」を2回目の注文と、「A」を3回目の注文と重複させることで、それぞれ特定できます。
　そして、どの回とも重複しなかった「C」も、おのずと特定できます。

この考え方で各回の注文方法を考えると、以下のようになります。

1回目：A、B、B、C、D
2回目：D、E、E、F、G
3回目：G、H、H、I、A

これですべての料理が特定できているか、確認してみましょう。
まず、各回で「複数」出てくることでわかるのが、

B→1回目の注文で2つ出てきた料理
E→2回目の注文で2つ出てきた料理
H→3回目の注文で2つ出てきた料理

そして、「重複」によってわかるのが、

A→1回目と3回目の注文で重複して出てきた料理
D→1回目と2回目の注文で重複して出てきた料理
G→2回目と3回目の注文で重複して出てきた料理

最後に、「1つだけ」出てくることでわかるのが、

C→1回目の注文だけに1つだけ出てきた料理
F→2回目の注文だけに1つだけ出てきた料理
I→3回目の注文だけに1つだけ出てきた料理

これで、3回の注文で9つの料理をすべて特定できました。

| 正解 | 9つの料理を<br>それぞれABCDEFGHIとしたとき、<br>以下のように注文すると、<br>すべての料理の名称を特定できる。<br>1回目:A、B、B、C、D<br>2回目:D、E、E、F、G<br>3回目:G、H、H、I、A |
|---|---|

**まとめ** いちばんのポイントは「他の回の注文と重複させて特定する」という視点を持てるかどうかでした。とくに、「1回目と3回目の注文で重複させる」という方法は、広い視野で状況をとらえることではじめて見えてくるポイントです。

「1回ずつ完璧に特定しよう」と短期的な視点でのみ考えてしまうと、正解には辿り着けなかったでしょう。1回目、2回目、3回目の注文と、時間をまたいで全体像を俯瞰することで気づける解決策でした。時間を超えた俯瞰思考が鍛えられる問題でしたね。

**POINT**

- いまわからなくても、「のちにわかればいい」という視点を持つ
- 過去や未来も含めて、全体を俯瞰して考えていくことが大事

# 状況に隠された法則を見抜けるか?

難易度 ★ ★ ★ ☆ ☆

情報を俯瞰しただけで真実が見えてくるとは限りません。次の問題、すでに**明示された状況**に隠された法則を見抜けるでしょうか。

## 2枚のカード

あなたには3人の同僚がいる。
1人はいつも真実を言い、1人はいつも嘘をつき、
1人は真実と嘘を交互に言う。
あなたは目隠しをして、
「赤」か「青」にぬられたカードがたくさん入った箱から、
1枚を取り出し、3人に「これは何色?」と聞いた。
3人は以下のように答えた。
A「青」 B「青」 C「赤」

2枚目のカードを取り出し、同じ質問をするとこう答えた。
A「赤」 B「青」 C「青」

**あなたが取り出したカードは
何色と何色だろうか?**

**解説** 第1章に登場したような、よくある「天使と悪魔を見抜く」系の問題かと思いきや、設問で3人の正体は問われていません。問われているのは、あくまで「あなたが見せた2枚のカード」のみです。

「何色と何色か」とだけ問われているため、順番まで特定する必要はなく、組み合わせがわかれば問題ありません。「1枚目は何か」「2枚目は何か」にかかわらず、純粋に「見せた2枚のカードの色」がわかればいいのです。そう考えると、答えの選択肢は多くありません。あとは何によって選択肢を狭めていくかです。

## 問 題 文 に 隠 さ れ た 、最 初 の 糸 口

まず、選択肢は見た目ほど多くありません。

カードの色は「赤」と「青」のみなので、2枚のカードの組み合わせは以下の3パターンしかありえません。

① 「青」「赤」
② 「青」「青」
③ 「赤」「赤」

問題は、ここからどうやって絞り込んでいくか。

この手の状況の場合、セオリーは「正直者」「嘘つき」ではない人間を除外すること。

なぜなら、真実も嘘も言う人の発言は、それが真実なのか嘘なのかを確定できず、考えても情報が得られないからです。

よって、「正直者」と「嘘つき」だけに着目して考えましょう。

1人はつねに真実を言い、1人はつねに嘘をつく。
これはつまり、

「青」のカードを見せたら、1人は「青」、片方は「赤」と答える。
「赤」のカードを見せたら、1人は「赤」、片方は「青」と答える。

ということ。そう、

**この2人の解答はかならず逆になるのです。**

## 正体がわからなくとも、導き出せる答え

つまり、2回の質問で「互いに逆の回答をしている2人」が「正直者」と「嘘つき」です。
ここで、3人の回答を俯瞰してみましょう。

1回目：A「青」B「青」C「赤」
2回目：A「赤」B「青」C「青」

**お互いに逆の回答をしているAとCが、「正直者」と「嘘つき」です。**

どちらが「正直者」で、どちらが「嘘つき」なのかはわかりませんが、問題ありません。
「正直者」あるいは「嘘つき」が、1回目と2回目で異なる色を答えていることで、判明する事実があります。
あなたが取り出したカードは2枚同色ではなく、2枚とも違う色だったということです。

この問題で求められていることを思い出してください。
2枚のカードの色の組み合わせでしたね。
よって、答えは「青」と「赤」です。
ちなみに当然ですが、残ったBは交互に真実と嘘を言う人です。

## 正解　　　　　「青」と「赤」

**まとめ** 3人の回答を俯瞰して、「正直者と嘘つきは逆の回答をしているはず」という法則に気づけるかどうかが重要な問題でした。ただの事実に見える情報も、他のヒントや手がかりと組み合わせると、そこに隠れた意味が見えてくるんですね。

問題の状況を整理して、情報や可能性を俯瞰する。これはつまり、考えるための材料を並べるという行為です。いわば思考のための下準備であり、これまでに見てきた「論理的思考」「批判思考」「水平思考」を発揮するためにも必要なことです。情報に対してねらいを持って眺めることも真実を導く重要なポイントだということは、忘れずにいたいですね。

### POINT

- 情報を俯瞰するだけで真実が見えてくるとは限らない
- 他の情報とも掛け合わせてみると、隠された意味が見えてくる

# 選択肢を絞り込む
# 糸口を見つけられるか?

難易度 ★ ★ ★ ☆ ☆

「俯瞰は思考の下準備」とお伝えしたように、大切なのは、そこから選択肢を絞っていくこと。しかしときには、そのための糸口を自ら見つけなくてはいけない場合もあるんです。

## 10人の名刺交換

あなたと同僚の2人は、
4つの会社から2人ずつ招待してパーティーを開いた。
つまりパーティーの参加者は、合計10人。
そしていずれの人も、初対面の人とだけ名刺交換をした。

その後あなたは、自分以外の参加者9人に、
「何人と名刺を交換したか」と聞いた。
すると、9人全員が異なる答えを返した。

**あなたの同僚は何人と
名刺を交換しただろうか?**

なお、当然ながら自分自身と名刺交換はできない。
「この日に自社の同僚とはじめて会った」という人もいない。

え？　いや、解くのは無理なのでは？　具体的なことが何もわかっていないのに、急に「あなたの同僚が何人と名刺交換したか」とか聞かれても。……ふむ。じっくり考えてみましょう。こんなときこそ、状況の整理、可能性の洗い出し、そして俯瞰です。

## 隠れた前提を見抜けるか

"「この日に自社の同僚とはじめて会った」という人もいない。"

　問題文の最後にしれっと書かれているこの一文、意外と重要です。

　わかりにくい表現ですが、問題文の前半に「初対面の人とだけ名刺交換をした」とあります。

　そのため、この一文からは「自分の同僚と名刺交換をした人はいない」という事実が導けます。

　これが大きなポイントです。

## 最大何人まで名刺交換できる？

**「自社の同僚と名刺交換をした人はいない」**

　この情報から、**最大何人と名刺交換できるか**がわかります。

　パーティーに参加したのは、あなたと同僚の 1 組と、招待客の 4 組の、合計10人です。

　つまりどの人も「自分」以外の、最大9人と名刺交換できます。

　しかし「自社の同僚と名刺交換をした人はいない」という条件から、実際にはどの人も最大8人とまでしか名刺交換できません。

　そして、

"「名刺交換をした人数は 9 人全員が異なっていた」"

という情報から、あなたの「何人と名刺交換したか」という質問に対する、9人それぞれの答えがわかります。それは、

「0人」「1人」「2人」「3人」「4人」「5人」「6人」「7人」「8人」

です。

## 「8人」と名刺交換をした人は？

　選択肢の全体像が俯瞰できたところで、1人ずつ考えてみましょう。
　わかりやすくするために、あなたを「A」、あなたの同僚を「B」とします。
　そして残りの4組8人をそれぞれ、以下とします。

- C-D
- E-F
- G-H
- I-J

　まずは「8人と名刺交換した人」について考えていきましょう。
　糸口がない場合は、「最大値」や「最小値」から考えはじめるのがセオリーです。
　とはいえ、現時点で誰が「8人と名刺交換したか」はわからないので、この人物は仮にCだとしましょう。

「自分自身」「自分の同僚」と名刺交換した人はいないので、「8人と交換した」ということは、CはD以外の全員と名刺交換したはずです。

　つまり、こういう状況です。

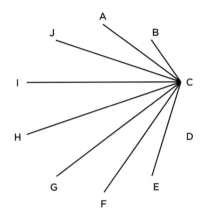

　これにより、「何人と名刺交換したか」が特定できる人がもう1人います。それはC（8人と名刺交換した）の同僚であるDです。

「何人と名刺交換したか」という質問に対する9人それぞれの答えのなかに、「0人」という回答がありましたね。
　もう一度、上の図を見てください。
　C,D以外の8人は、全員Cと名刺交換をしています。

　つまり、「0人と名刺交換」が可能なのはDだけです。

## 「7人」と名刺交換をした人は?

　次に「7人と名刺交換した人」について考えてみましょう。
　仮に、「E」が「7人と名刺交換した人」だとします。
　この人が名刺交換を「していない3人」は、以下のとおりです。

- E（自分自身）
- F（自分の同僚）
- D（0人と名刺交換した人）

　つまり、こういう状況です。

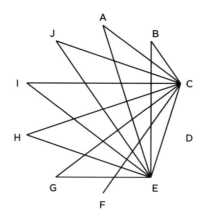

　DとF以外の8人は、全員、（8人と交換した）Cと、（7人と交換した）Eの2人と名刺を交換しています。

　そして、Dは誰とも名刺を交換していないと、先ほど判明しています。

　つまり「1人と名刺交換した人」は、Fしかありえないのです。

## 「4人」と名刺交換をした人は？

　以降も、考え方は同じです。

　Gが「6人と名刺交換した人」だとしたら、同僚のHは（8人と交換した）Cと、（7人と交換した）Eの、「2人だけと名刺交換した人」となります。

　Iが「5人と名刺交換した人」だとしたら、同僚のJは（8人と交換した）Cと、（7人と交換した）Eと、（6人と交換した）Gの、「3人だけと名刺交換した人」となります。

　こう考えていくと、以下のことが判明します。

- C（8人と交換）——● D（0人と交換）
- E（7人と交換）——● F（1人と交換）
- G（6人と交換）——● H（2人と交換）
- I（5人と交換）——● J（3人と交換）

8人がそれぞれ、誰と同僚で何人と名刺を交換したかがわかりました。
そして最後に、「4人と名刺交換した人」だけが1人残りました。
この人は、いったい誰でしょう？
すでに、招待した4組の答えは出そろっているため、「4人と名刺交換した人」は、残されたB（あなたの同僚）です。

| 正解 | あなたの同僚は<br>4人と名刺交換した |
|---|---|

**まとめ** いっけん不可能そうに見える問題でしたが、可能性を洗い出して、ひとつずつ仮定と検証をしていった結果、おのずと答えがわかりました。まさに、論理の力を感じられる問題でしたね。このように、全体像を俯瞰したあとは、最大値や最小値に着目したり、「もしこれが〜〜なら」と仮定したりして、とりあえず思考を進めるのも手です。すると新たな事実が見えたり、その仮定が間違っていることがわかったりして、しだいに選択肢を狭めていけます。

### POINT

- 糸口を見つけて、俯瞰した可能性を絞り込んでいく
- とっかかりがない場合は、ひとまず仮定で考えていく

# 状況が示す意味を見抜けるか?

さてここからは、さらに複雑な状況を乗り越える俯瞰思考に挑戦してみましょう。同じような状況におかれた3問を連続でご紹介します。

## 赤青のマーク

A,B,Cの3人が悪魔に捕らえられた。
3人の頬には赤か青のマークが貼られ、以下を命じられた。

『もし赤いマークを貼られている人が見えたら手を挙げる』
『1分以内に自分のマークの色を当てなくてはいけない』

発言できるチャンスは3人とも1回のみ。
両頬のマークは同じ色であり、
他人の頬のマークは見えるが、自分のマークは見えない。
何かしらの情報伝達は禁止されているが、
「誰が手を挙げたか」「誰がどう宣言したか」はわかる。

### どうすれば3人は自分のマークの色を
### 特定できるだろう?

なお、3人はきわめて論理的な思考を行い、
マークの色が「赤か青」であることは知っている。

**解説** はじめにお伝えしておきます。俯瞰思考の問題、ここから一気に難易度が跳ね上がります。論理的思考問題のなかでも頻出の「監禁からの脱出」タイプの問題を、3連続で紹介していきましょう。

## 困ったらとりあえずやること

ルールが多く、条件も多い複雑な問題です。
そのうえ、ヒントになりそうな情報も少なそう。
こういう複雑な問題こそ、まずは「パターンの洗い出し」です。

A,B,Cの3人に対して、マークの色は「赤と青」の2つだけ。
起こりうる可能性は以下の8パターンです。

| A | B | C |
|---|---|---|
| 赤 | 赤 | 赤 |
| 赤 | 赤 | 青 |
| 赤 | 青 | 赤 |
| 青 | 赤 | 赤 |
| 赤 | 青 | 青 |
| 青 | 赤 | 青 |
| 青 | 青 | 赤 |
| 青 | 青 | 青 |

さて、ルールには「もし赤いマークが貼られている人が見えたら手を挙げる」とあります。
これも表に落とし込んでみましょう。
それぞれのパターンのとき、手を挙げる人に★をつけてみます。

| A | B | C | 手を挙げた人数 |
|---|---|---|---|
| 赤★ | 赤★ | 赤★ | 3人 |
| 赤★ | 赤★ | 青★ | 3人 |
| 赤★ | 青★ | 赤★ | 3人 |
| 青★ | 赤★ | 赤★ | 3人 |
| 赤 | 青★ | 青★ | 2人 |
| 青★ | 赤 | 青★ | 2人 |
| 青★ | 青★ | 赤 | 2人 |
| 青 | 青 | 青 | 0人 |

## 少しずつ糸口が見えてきた

さて、表を見ると、以下の2つのことがわかります。

- 手を挙げたのが「1人」という状況は起こり得ない
- 誰も手を挙げなかったときは全員「青」のマーク

「手を挙げた人数」がとっかかりになりそうな気がしてきました。

**解決のヒントになるのかわからない情報も、いったん俯瞰してみると糸口が見つかるんですね。**

では、手を挙げた人数のパターンごとに、状況を詳しく見てみましょう。まずは、手を挙げたのが「2人」のパターン。

| A | B | C | 手を挙げた人数 |
|---|---|---|---|
| 赤 | 青★ | 青★ | 2人 |
| 青★ | 赤 | 青★ | 2人 |
| 青★ | 青★ | 赤 | 2人 |

いずれも「赤のマークは1人だけ」という状況を示しています。

手を挙げたのが2人なら「赤のマークは1人だけ」だと確定しました。

このとき、3人は何を考えるでしょう。

Aの視点で考えてみましょう。

たとえばBとCが青で、その2人が手を挙げている場合、Aは「私が赤だから、2人は手を挙げている」とわかります。

Bが赤、Cが青の場合は、AとCが手を挙げます。

手を挙げないBを見たAは、「私は赤ではない」、つまり自分が青だとわかります。

Bが青、Cが赤の場合も同様です。

Cを見たAとBが手を挙げ、手を挙げないCを見たAは「私は赤ではない」、つまり自分が青だとわかります。

これは、A以外の2人の視点に立っても同じことです。

つまり、手を挙げたのが2人だったとき、3人は、

- 自分以外の人に赤のマークがいたら、自分は青
- 自分以外の人に赤のマークがいないなら、自分は赤

だとわかります。

## 暗雲がたちこめる

「なんだ、手を挙げたのが0人のときも2人のときも自分の色を特定できるなら余裕だ」

そんなふうに楽観的に考えたいところですが……。

ここからが難しくなります。

3人全員が手を挙げた場合、ちょっとややこしいことになるのです。

| | A | B | C | 手を挙げた人数 |
|---|---|---|---|---|
| パターン1 | 赤★ | 赤★ | 青★ | 3人 |
| パターン2 | 赤★ | 青★ | 赤★ | 3人 |
| パターン3 | 青★ | 赤★ | 赤★ | 3人 |
| パターン4 | 赤★ | 赤★ | 赤★ | 3人 |

わかるのは「少なくとも2人は赤のマークである」ということのみ。

たとえばAの視点に立ったとき、自分以外の2人が「1人は赤」「もう1人は青」で、2人とも手を挙げている場合（パターン1と2）は、「自分も赤」だと即座に確定できます。しかし、

**自分以外の2人が「両方とも赤」だった場合、2人はお互いを見て手を挙げている可能性があるため、自分が赤なのか青なのか区別がつきません。**

表におけるパターン3と4のときです。

どうすればいいのでしょう？

## 「沈黙」が意味することとは？

ここで活躍するのが、

"3人はきわめて論理的な思考を行う"

というヒントです。

これは、自分以外の2人も、ここまで説明してきたような論理的思考ができるということです。

たとえばパターン3のとき、Aの視点では答えが特定できませんが、B,Cから見たら「自分以外の2人が、1人は赤でもう1人が青」です。

つまり、BとCはすぐに自分の色が赤だとわかります。

BとCが答えられれば、Aは「つまり自分は青だ」とわかります。

一方でパターン4の場合は、BとCから見ても答えが特定できません。するとどうなるか。

……全員が沈黙します。ですが、

**沈黙によって、「全員が答えを特定できない状態」だということがわかります。**

つまり、「全員が赤」だと全員がわかるわけです。

これで、すべてのパターンにおいて、自分の色を特定する方法が見つかりました。

|  | |
|---|---|
| 正解 | 手を挙げた人数が0人のとき、自分は青。<br>手を挙げた人数が2人のとき、<br>他に赤がいたら自分は青、<br>いなかったら自分は赤。<br>手を挙げた人数が3人のとき、<br>他が「赤」「青」なら自分は赤。<br>他が「赤」「赤」で<br>その2人が即座に正解を宣言したら自分は青。<br>他が「赤」「赤」で誰も発言しなければ自分は赤。 |

まとめ 複雑な問題でしたが、シンプルに考えていくと「パターンを出す」「ひとつずつ検証する」という手順で正解に辿り着けますね。「全員がわからないことで、答えがわかる」系の問題、個人的にとても好きです。いっけん八方塞がりに見える状況からでも手がかりを得て突破する感じがこう……心をくすぐるというか……いえ、何でもないです。

POINT

- 複雑な状況でも、わかっていることを整理していくと選択肢が見えてきて、あらゆる情報がヒントに変わる

# 自分の役割を冷静に判断できるか?

難易度 ★ ★ ★ ☆

「複雑性の高い状況を俯瞰する」ことを体験しました。次の問題も同様の思考が求められますが、さらにひとつ、**別の視点が必要**となります。

## ３人のリンゴ

A,B,Cは悪魔に捕らえられ、別々の部屋に閉じ込められた。
悪魔は3人に以下のことを告げた。
『各部屋には、それぞれ1〜9個のリンゴがある』
『各部屋のリンゴの数はすべて異なる』

誰かが「3部屋のリンゴの合計数」を当てれば全員解放される。
3人は1回ずつ質問でき、悪魔は正直に「はい」「いいえ」で答える。
質問の様子は3人とも聞き取れる。

A「合計は偶数?」　悪魔「いいえ」
B「合計は素数?」　悪魔「いいえ」
Cの部屋にはリンゴが5つある。

C は ど の よ う な 質 問 を す れ ば い い だ ろ う か ?

「監禁からの脱出」タイプの第2弾です。ポイントとなるのは「質問と答えは全員が聞き取れる」という点。つまり、「Cの質問に対する回答を聞いた誰かが正解に辿り着く」という可能性もありそうですが……。

正解に辿り着けるのは「誰かひとり」でOK

## まずは可能性を洗い出す

まずは「可能性の洗い出し」、これが鉄則でしたね。
今回のシチュエーションでは、以下の情報がわかっています。

- 各部屋には「最小1」「最大9」のリンゴがある
- 各部屋のリンゴの個数はすべて異なる

つまり、3部屋のリンゴの合計数としてあり得る範囲は、

最小：$1+2+3=6$
最大：$7+8+9=24$

となります。すなわち正解は、

6, 7, 8, 9,10,11,12,13,14,15,16,17,18,19,20,21,22,23,24

のいずれかですが、気が遠くなるのでもう少し減らしたいところ。

## 悪魔の回答で選択肢を絞る

AとBが悪魔にした質問の答えも、大きなヒントになります。

"A「合計は偶数？」 悪魔「いいえ」"

A,Bの質問により、正解の選択肢から偶数と素数が除外されます。
すなわち正解は、

**9,15,21のいずれかです。**

よしよし、3択ならなんとかなりそう。

ちなみに、ここまでは与えられた情報によって辿り着けるため、当然、A,B,Cの3人とも「正解は9,15,21のどれか」ということまではわかっています。

## もしもリンゴが「9個」なら？

正解を3つまで絞れましたが、本題はここから。

Cは1回だけ質問し、悪魔はそれに「はい」か「いいえ」で答えます。

つまり、悪魔の答え方は2パターンしかないのに、選択肢は3パターンあるわけです。

どうすればいいのでしょうか。

そこで、残された選択肢「9,15,21」について、それぞれが正解だったときに3人はどのように考えるかを検証してみましょう。

論理的思考の基本、「仮定と検証」です。

まずは、正解が「9」だった場合。

Cの部屋にはリンゴが「5つ」あるため、AとBの部屋には合計「4つ」のリンゴがあることになります。

そして、各部屋のリンゴの数はすべて異なるという条件から、どちらかの部屋にはリンゴが「1つ」あり、もう片方には「3つ」あるとわかります。

このとき、リンゴが「1つ」ある部屋にいる人は、こう考えるでしょう。

「私の部屋にはリンゴが１つある」

「つまり、３部屋の合計としてありえる最大数は１＋８＋９＝18」

「そして最小数は１＋２＋３＝６」

「ということは、残った選択肢のうち、正解は21にはなりえない」

「答えは９か15のどちらかだ」

また、リンゴが「３つ」ある部屋にいる人も、こう考えるでしょう。

「私の部屋にはリンゴが３つある」

「つまり、３部屋の合計としてありえる最大数は３＋８＋９＝20」

「そして最小数は３＋１＋２＝６」

「ということは、残った選択肢のうち、正解は21にはなりえない」

「答えは９か15のどちらかだ」

つまり、正解が「リンゴ９個」の場合は、ＡとＢは「リンゴの数は９か15だ」まで自力で絞り込めます。

## もしもリンゴが「15個」なら？

次に、正解が「15」だった場合について。

Ｃの部屋にはリンゴが「５つ」あるため、ＡとＢの部屋には合計「10」のリンゴがあることになります。

そして、各部屋のリンゴの数はすべて異なるという条件から、ＡとＢの部屋のリンゴの数の組み合わせとして考えられるのは以下となります。

1-9

2-8

3-7

4-6

……うん。

正解が「9」のときと比べて、パターンが複数になってしまいました。それぞれ検証していくことはできますが、かなり面倒です。

ここで、検証するときの原点を思い出しましょう。
それは、「極端な例」から検証していくことです。
そのため、正解が「15」だった場合のことはいったんスルーして、選択肢のなかで最大数である「21」の場合を先に考えてみましょう。

**面倒な場合は後回しにすることも、ときには大切です。**

## もしもリンゴが「21個」なら？

では、正解が「21」だった場合を考えてみます。
Cの部屋にはリンゴが「5つ」あるため、AとBの部屋には合計「16」のリンゴがあることになります。
各部屋のリンゴの数はすべて異なるという条件から、どちらかの部屋にはリンゴが「7つ」あり、もう片方には「9つ」あるとわかります。
お、パターンが絞られましたね。
これなら検証は簡単です。

このとき、リンゴが「7つ」ある部屋にいる人は、こう考えるでしょう。

「私の部屋にはリンゴが7つある」
「つまり、3部屋の合計としてありえる最大数は7＋8＋9＝24」
「そして最小数は7＋1＋2＝10」
「ということは、残った選択肢のうち、正解は9にはなりえない」
「答えは15か21のどちらかだ」

また、リンゴが「9つ」ある部屋にいる人も、こう考えるでしょう。

「私の部屋にはリンゴが９つある」

「つまり、３部屋の合計としてありえる最大数は９＋８＋７＝24」

「そして最小数は９＋１＋２＝12」

「ということは、残った選択肢のうち、正解は９にはなりえない」

「答えは15か21のどちらかだ」

　つまり、正解が「リンゴ21個」の場合は、ＡとＢは「リンゴの数は15か21だ」まで自力で絞り込めます。

## Ｃが消すべき「可能性」とは

　ここまでの検証をまとめると、あることがわかります。

- 正解が「９」なら、ＡとＢは「答えは９か15」まで辿り着ける
- 正解が「21」なら、ＡとＢは「答えは15か21」まで辿り着ける

　ということは、Ｃがやるべきことは、

**他の２人の迷いを断ち切ってあげることです。**

　そのためＣが悪魔にすべき質問は、こうです。

「リンゴの合計は15個ですか？」

　この質問に悪魔が「はい」と言えば、答えは15個。

「いいえ」と言えば、答えは「９か21」となります。

　ですが正解が９もしくは21の場合は、ＡとＢは先ほど説明した思考によって、それぞれ答えを「９か15」「15か21」まで絞れます。

　そして答えは15ではないと悪魔が答えているため、おのずと正解が導けます。

　この問題の面白いところは、質問をしたCには最後まで答えがわからないということです。

　「合計は15ですか？」と聞いて、悪魔が「いいえ」と言ったとき、答えは9か21に絞られたということは、Cもわかります。
　そして、Cの部屋にはリンゴが5つあります。
　Cが考えうる3部屋の合計数の最大と最小は、以下です。

最大数：5＋9＋8＝22
最小数：5＋1＋2＝8

　このように、9も21も正解としてありえてしまいます。
　だから正解が15ではないとわかっても、「9なのか21なのか」はCにはわかりませんが、A,Bのどちらかがかならず正解してくれます。

## 正解 ｜ Cは「合計は15？」と質問する

**まとめ** 状況を俯瞰して、「自分ではなく他の2人が解答できる」という可能性に気づけたら、自分の役割が見えてくる問題でした。柔軟に発想する水平思考も少し必要でしたね。Cの視点になると、「私がこう質問すれば、きっと他の2人は答えまで辿り着いてくれるはず」と考えないとできない質問です。思考力だけでなく、仲間の論理的思考を信じる勇気も必要なのがいいですね。最終的には、勇気がないと解決できない問題でもありました。

### POINT
● 他人の脳内にある可能性まで俯瞰して考えると、ひとつしかないと思い込んでいた方法とは別の手段が見つかることがある

# 他者の思惑まで俯瞰できるか？

難易度 ★ ★ ★ ★ ☆

「監禁からの脱出」シリーズ、最後の3問目です。**状況は複雑で、選択肢も多い問題**ですが、これまでの思考を応用できればかならず解けます。

## ダイヤル錠の部屋

A,B,Cは悪魔に捕らえられ、別々の部屋に閉じ込められた。
各部屋の扉には3桁のダイヤル錠がかけられている。
悪魔は3人に以下のことを告げた。
『3つのダイヤル錠は共通の数字で解除できる』
『正解となる数字は「000〜999」のいずれか』
『3桁の数字を合計すると9になる』
『すべての桁の数字が、左の桁の数字以上の数字である』

そしてAに左の桁、Bに中央の桁、Cに右の桁を教えた。
3人はお互いにコミュニケーションをとれないが、
「いつ誰がダイヤル錠を解除したか」は即座にわかる。
当初、3人は誰もダイヤル錠を解除できなかったが、
しばらくしてBが錠を解除し、その後C、Aも解除した。

**正解の数字は何だったのだろうか？**

少し難しい問題ですが、本書の後半で必要になる「ある思考」が得られるので、じっくり考えてみてください。それにしても、監禁しておいてさまざまなヒントをくれる悪魔、怖いんだか優しいんだか……。

正解となる数字の組み合わせは、かなり少ない
Bが錠を解除できたのは、「しばらく」してから
それぞれが即座に正解に辿り着ける「特定の組み合わせ」がある

## ややこしい状況の確認から

与えられている情報は多いですが、ちょっとややこしいので、まずは要点を確認しておきましょう。

　"3つのダイヤル錠は共通の数字で解除できる"
　"正解となる数字は「000〜999」のいずれか"

つまり、正解は「256」とか「489」といった3桁の数字であり、それによって、すべてのダイヤル錠が解除できます。

　"3桁の数字を合計すると9になる"
　"すべての桁の数字が、左の桁の数字以上の数字である"

すなわち「1,2,6」なら、1＋2＋6＝9と、合計して9になるので正解の選択肢に含まれます。

ですが、「5,8,9」だと、5＋8＋9＝22なので正解ではありえません。

また、「すべての桁の数字が、左の桁の数字以上の数字」とあるので、たとえば「2,2,5」なら2≦2≦5となるので正解の選択肢に含まれます。

ですが、「5,2,2」だと1桁目が2桁目の数字より大きくなってしまうので、正解ではありえません。

"Aに左の桁、Bに中央の桁、Cに右の桁を教えた"

　これはつまり、答えとなる3桁の数字のうち、Aの視点から見ると「A,?,?」、Bの視点から見ると「?,B,?」、Cの視点から見ると「?,?,C」が、それぞれわかっているということです。

もちろん3人は、全員これらを理解しています。

　それによって、まずはBが脱出できたことが最大のヒントになります。

## 選択肢は意外と少ない

　さて、では正解を考えていきましょう。

　正解となる数字は「000〜999」のどれかですが、

- 3桁の数字を合計すると9になる
- すべての桁の数字が、左の桁の数字以上の数字である

という条件から、実際にありえる数字の組み合わせは意外と少ないのです。

　すべてを書き出してみても、たぶんそんなに時間はかかりません。

　ということで……洗い出しましょう！

　まずは最小である0から、「左の桁が0で、中央も0の場合、右の桁は9だな」など、1つずつ考えていきます。

　左の桁が4の場合、中央の桁は4以上、右の桁も4以上でなくてはいけませんが、そうすると合計で9を超えてしまいます。

　つまり、左の桁は最大で3だとわかります。

　このように洗い出していくと、選択肢は以下の12パターンになります。

　ダイヤル錠を解除する数字は、このなかのどれかです。

| | | | |
|---|---|---|---|
| 0,0,9 | 1,1,7 | 2,2,5 | 3,3,3 |
| 0,1,8 | 1,2,6 | 2,3,4 | |
| 0,2,7 | 1,3,5 | | |
| 0,3,6 | 1,4,4 | | |
| 0,4,5 | | | |

# 即座に脱出できる「組み合わせ」

表を見るとわかるのが、

## 誰かが即座に正解できる「組み合わせ」がある

ということです。なぜなら3人は、悪魔からそれぞれ1桁ずつ、正解の番号を聞いているからです。

たとえば、答えの数字が「0,0,9」だった場合。
悪魔はAに「左の桁は0」と、Bに「中央の桁は0」と、Cに「右の桁は9」だと教えています。
このとき、先ほどの表のなかで「中央の桁が0」「右の桁が9」になる組み合わせは「0,0,9」しかありません。
すなわち、Bは自分が聞かされた数字が「0」なら、すぐに正解が「0,0,9」だとわかります。
同じように、Cも自分が聞かされた数字が「9」なら、AとBの数字がいずれも「0」であるとわかります。

答えが「0,1,8」と「3,3,3」だった場合も同様です。
右の桁が8になるのは「0,1,8」だけ、3になるのは「3,3,3」だけなので、この場合、右の桁を知っているCが即座に解答できます。
つまり正解の数字が「0,0,9」「0,1,8」「3,3,3」のいずれかであれば、3人のうち誰かが即座にダイヤル錠を解除できます。

しかし、そうはならなかった。

このことから、正解となる数字は「0，0，9」「0，1，8」「3，3，3」を除いた以下の9パターンに絞り込まれます。

| | | |
|---|---|---|
| 0,2,7 | 1,1,7 | 2,2,5 |
| 0,3,6 | 1,2,6 | 2,3,4 |
| 0,4,5 | 1,3,5 | |
| | 1,4,4 | |

## なぜBが最初に解けたのか

さて、この段階でBは正解に辿り着きました。

表にある組み合わせの、中央の桁に注目してください。

中央の桁が「2」「3」「4」の場合、他にも選択肢があるのでBには正解がわかりませんが、**中央の桁が「1」のときのみ、選択肢は「1，1，7」に絞られます**。

「0，1，8」という可能性もありましたが、その場合Cは即座に答えがわかるはずなのに解答しなかったため、この選択肢は消えました。

よって正解は「1，1，7」しかありえないとBは確信できたわけです。

つまり、ダイヤル錠を解く数字は「1，1，7」であり、それに唯一気づけたBが、最初に部屋から脱出しました。

## 無事、全員脱出へ

さて、Bがダイヤル錠を解除できたことを知ったCは、これと同じ思考を辿ります。

正解の数字は「1，1，7」だったので、Cは悪魔から「右の桁は7」と聞いているはずです。

右の桁が「7」になる組み合わせは、正解の「1，1，7」以外に、

「0,2,7」も考えられます。

　ですがBが脱出したことで、Cは気づきました。

> 「もし正解が0,2,7だとしたら、Bは正解を絞り込めるはずがない。ということは、正解は0,2,7ではなく、1,1,7だ」

　そして、Cもダイヤル錠を解除できました。

　Aも同様の思考によって答えがわかります。
　Aは悪魔から「左の桁は1」と聞いていました。
　そしてBが脱出できたことで、「中央の桁は、選択肢が絞れない2,3,4ではなく、1だ」とわかり、Aも答えは「1,1,7」だとわかったのです。これで、全員脱出できました。

## 正解 | 「1,1,7」

**まとめ** これは、NSA（米国国家安全保障局）のサイトから趣旨を引用した問題です。CIA（米国中央情報局）と並んでアメリカ最高峰の頭脳が集う、あのNSAです。人材採用も兼ねているサイトで出題されていたので、自力で解けた人は、NSAの採用試験に挑戦する資格があるかもしれませんね。
ここまでの「力を合わせて監禁から脱出する」タイプは、どれも、他者の脳内にある情報まで俯瞰できるかどうかが鍵になっていました。この思考は、次の「第5章：多面的思考」でさらに深めていきますので、ここで感覚をつかんでおけるとよいと思います。

### POINT

- 自分以外の人の思考まで俯瞰できていると、他者の行動の意図や理由がわかり、そこからもヒントを得られる

# 多すぎる情報を俯瞰できるか？

難易度 ★ ★ ★ ★ ★

ここまでは少ない手がかりから全体像を俯瞰してきましたが、ときには**多すぎる情報量が状況を困惑させる**こともあります。次の問題、情報をうまく整理できるでしょうか。

## ７人の容疑者

大切なケーキを誰かに食べられてしまったあなたは、
犯人の可能性がある７人（A〜G）を呼び出した。
７人の正体は、正直者か嘘つきである。
正直者はつねに真実を言い、嘘つきはつねに嘘をつく。
あなたは、７人に次の質問をした。
①「あなたはケーキを食べた？」
②「７人のうち犯人は何人？」
③「７人のうち正直者は何人？」
７人は３つの質問に、下記のように答えた。

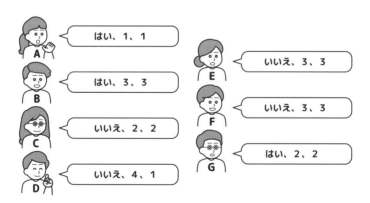

| | |
|---|---|
| A：はい、1、1 | E：いいえ、3、3 |
| B：はい、3、3 | F：いいえ、3、3 |
| C：いいえ、2、2 | G：はい、2、2 |
| D：いいえ、4、1 | |

**ケーキを食べたのはいったい誰か？**

ただし、犯人は１人とは限らない。
また、７人のなかに１人以上は正直者がいるとわかっている。

らないことだらけの難問です。さらには、３つの質問に対する７人の容疑者の回答という手がかり。「ダイヤル錠の部屋」など、難問に分類される問題は、いつも決まって少なすぎる情報量が私たちを悩ませてきました。しかし本問では、それに反するかのような「大量の情報」が乱舞しています。錯綜する情報をうまく解きほぐせるかどうか。７人の回答を何度も見返して、混乱せずにひとつずつ対処していきましょう。

**ヒント1** ７人のなかに「少なくとも１人」は正直者がいる
**ヒント2** まず着目すべきは「２番目の質問」
**ヒント3** 「２番目の質問」に同じ答えを返しているのは誰か
**ヒント4** それぞれの発言が「正しかったら？」と仮定していく

## 立ちはだかる「二段階の証明」

　この問題の最大の特徴は、「誰が正直者で、嘘つきなのか」のみならず「誰がケーキを食べたのか」を見抜かなければいけないところです。

　通常、この手の問題では「正直者と嘘つきを識別すれば解決」というものが多く見られます。
　しかし本問で聞かれているのは「ケーキを食べたのは誰か」という点。

　正直者がケーキを食べたのかもしれない。
　嘘つきはケーキを食べていないのかもしれない。
　複数の正直者と嘘つきがケーキを食べたのかもしれない。

　可能性を考え出すと混乱しますが、さすがに「正直者と嘘つきを区別せずにケーキを食べた犯人を探し出す」なんて離れワザができるとは思えません。
　どうやら「正直者と嘘つきを区別し、その上で犯人を探す」というニ

段階のステップが必要になりそうです。

## 「7つの回答」を単純化する

解決のヒントになるのは、7人の回答しかありません。
それぞれの回答を検証していくとさらに混乱するため、まずは、

**いずれかの質問の回答に着目して7人をグループ分けしましょう。**

あなたがした質問のうち、どれが「とっかかり」になるでしょうか。
これを考えてみましょう。

"①「あなたはケーキを食べた？」"

1番目の質問は、最初に考えても意味のない質問です。
なぜならこの質問の回答に着目しても、「はい」と「いいえ」の2グループにしか7人を分けられません。
それでは状況はあまり変わらず、検証の複雑さも変わりません。

また、この質問への「はい」と「いいえ」という回答が、それぞれ「真実なのか嘘なのか」も特定できません。
「はい」と答えた場合、「正直者で、かつ犯人」「嘘つきで、かつ無実」の両方が考えられます。
全体における正直者と嘘つきの内訳が未確定である段階では、それぞれの回答を検証していっても、原理的に解答には到達できません。

"②「7人のうち犯人は何人？」"
"③「7人のうち正直者は何人？」"

1番目の質問に比べたら解決のヒントにはなりそうです。
ただ、3番目の質問の回答で7人をグループ分けしても、結局は2番目の質問でのグループ分けと同じような結果になりそうです。

というわけで、まずは2番目の質問の回答で7人をグループ分けしてみましょう。

すると、こうなります。

A「犯人は1人」
D「犯人は4人」
C,G「犯人は2人」
B,E,F「犯人は3人」

では、それぞれについて考察していきます。

# 「犯人は1人」と答えたA

まずはAから。Aは3つの質問にこう答えています。

"A「自分が犯人で、犯人は1人、正直者は1人」"

これらの発言が真実、つまりAだけが正直者だと仮定して考えてみます。

となると、A以外は全員「嘘つき」になります。
すると、「自分は犯人ではない」と述べているC,D,E,Fの4人は犯人だということになります。
これは「犯人は自分1人だけ」という、A自身の発言と矛盾します。

よって、Aは「正直者」ではなく「嘘つき」だとわかります。
ということで、質問へのその他の回答から、

- Aは嘘つきだが無実
- 犯人は1人ではない
- 正直者は1人ではない

が確定しました。

## 「犯人は4人」と答えたD

次に、「犯人は4人」と答えたDの発言を見てみましょう。

"D「自分は無実で、犯人は4人、正直者は1人」"

先ほど、同じく「正直者は1人」と答えたAが嘘つきだとわかりました。そして、Dも「正直者は1人」と答えています。

よって、Dも「嘘つき」です。
ということで、質問へのその他の回答から新たに、

- Dは嘘つきであり犯人
- 犯人は4人ではない

が確定しました。

## 「犯人は2人」と答えたC、G

次に、「犯人は2人」と答えたC,Gの発言を見てみましょう。

"C「自分は無実で、犯人は2人、正直者は2人」"
"G「自分は犯人で、犯人は2人、正直者は2人」"

回答している「犯人」と「正直者」の人数が一致していることから、2人の発言の真偽は連動するはずです。

まず、ここまでにわかっている「正直者は1人ではない」「犯人は4人ではない」という情報と、2人の回答は矛盾しません。

では、CとGの2人が正直者である場合を考えてみましょう。

「正直者は2人」と、CとGが答えているため、CとGの2人以外は全員嘘つきということになります。

　ということは、「自分は無実」と言っているD,E,Fの3人は嘘つきであり、本当は犯人だということになります。

　しかしこれでは、Gも含めたD,E,Fの4人が犯人となり、「犯人は2人」というG自身の発言と矛盾します。

　よって、C,Gは「正直者」ではなく「嘘つき」です。
ということで、質問へのその他の回答から、

- Cは嘘つきであり犯人
- Gは嘘つきだが無実
- 犯人は2人ではない
- 正直者は2人ではない

が確定します。

## 「犯人は3人」と答えたB、E、F

最後に、「犯人は3人」と答えたB,E,Fの発言を見てみましょう。

"B「自分は犯人で、犯人は3人で、正直者は3人」"
"E「自分は無実で、犯人は3人で、正直者は3人」"
"F「自分は無実で、犯人は3人で、正直者は3人」"

いよいよ大詰めです。
これまでに確定したことを振り返ってみましょう。

- B,E,F以外の4人はすべて嘘つき
- CとDは犯人

また、本問には「少なくとも1人は正直者がいる」という条件が存在します。

　つまりB,E,Fの少なくとも1人は正直者です。

　ですが、B,E,Fの「犯人」「正直者」に関する発言は一致しています。

　これが示すのは、B,E,Fの全員が正直者であるということです。

## 「犯人」は誰だ

　これで、全員の内訳がわかりました。

　まとめると、以下の表のようになります。

| | 正直者or嘘つき | 無実or犯人 |
|---|---|---|
| A | 嘘つき | 無実 |
| B | 正直者 | 犯人 |
| C | 嘘つき | 犯人 |
| D | 嘘つき | 犯人 |
| E | 正直者 | 無実 |
| F | 正直者 | 無実 |
| G | 嘘つき | 無実 |

　ということで犯人は、嘘つきであるC,Dと、自分が犯人だと告白している正直者のBの、3人です。

**正解　｜　ケーキを食べたのはB、C、D**

**まとめ** なかなか難解な問題でしたが、やっていることはシンプル。7人

をグループ分けして、グループごとに「この人が正直者なら」「嘘つきなら」と仮定して、発言の内容に矛盾がないかを検証していっただけです。ポイントとなったのは、まず回答の内容によってグループ分けするということと、最初にどの質問の回答に着目するかを考えたところでしょう。

このように、情報量が多すぎる問題に取り組むときは、まずは「絞る」「まとめる」といった「単純化」の作業をすると、一気に糸口が見えてきます。「絞る」「まとめる」はビジネスの現場でも重要なことなので、私も複雑な問題にぶち当たったときは、いつもこの2つの作業から着手しています。

## POINT

- わかっている情報が多いときこそ、整理して俯瞰する思考が重要
- 「絞る」「まとめる」などの単純化で整理すると、糸口が見えてくる

## Column 2　シンプソンのパラドックス

　情報をいくつかのグループに分けて考察する際、グループごとに得られた推測と、全体で得られた推測が一致しない、もしくは真逆になってしまう現象があります。

　たとえば下記の2つの塾。試験の合格率は一次試験と二次試験のどちらもB塾の方が高いのに、合計するとA塾の方が高くなっています。

A塾：一次80%（120/150）、二次2%（1/50）→合計60.5%（121/200）
B塾：一次98%（49/50）、二次40%（60/150）→合計54.5%（109/200）

　統計は慎重に扱わないと、結果を操作できてしまうのです。こういったパラドックス（逆説）現象を、統計学の用語で「シンプソンのパラドックス」と呼びます。気になる方は検索してみてください。

# わずかな手がかりから全貌を俯瞰できるか?

難易度 ★ ★ ★ ★ ★

さて、本章もいよいよ終盤。ここからは俯瞰思考の真骨頂である
**「わずかな情報から全体像を見抜く力」**に磨きをかける、難問に
挑戦していきましょう。

## 隠された総当たり戦

腕相撲の大会が開かれた。
勝負は1対1で、8人が総当たり戦をおこなう。
全員が、他の参加者とそれぞれ1回ずつ戦う。
勝負の勝者には1点、敗者には0点、
そして引き分けの場合は両者に0.5点が与えられる。

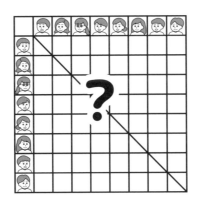

最終結果は以下の通り。
『全員の得点がバラバラだった』
『2位の人の得点は、下位4人の総得点と同じだった』

**3位と7位の対戦ではどちらが勝った?**

ん…？　なんだこれ……解けるのか？　問題文の短さに対して、この難易度。強敵っぽいです。暗中模索必至となる良問のカラクリを見抜いてください。

ヒント1 まず全員の「試合数」を考える
ヒント2 １つの勝負ごとに、全体の総得点も１ずつ増える
ヒント3 「下位４人」の得点がポイントになる

# まずは手がかりを増やしていく

この問題を見た誰もが「情報が少なすぎる」と思ったことでしょう。

"８人が総当たり戦をおこなう"
"勝者に１点、敗者に０点、引き分けは両者に0.5点が与えられる"
"全員の得点がバラバラだった"
"２位の人の得点は、下位４人の総得点と同じだった"

現在、わかっていることはこれしかありません。
ここからわかる情報を増やしていく必要があります。
たとえ、それが正解にどう結びつくかがわからなくても、

**ヒントになる情報を増やしていくことが重要です。**

　まず、８人で総当たり戦をおこなうということは、**全体の試合数がわ**かりそうです。
　１人がおこなう勝負は７回で、それが８人分なので「７×８＝56」。
　ただし、１つの勝負に２人が出ているため、実際の試合数はその半分、**28回**です。

　また、問題文では「下位４人」のことにも触れられています。
　同じ考え方で下位４人同士の試合数も求めると、６回だとわかります。

## 「2位の得点」の手がかりが見つかる

試合数がわかったところで、次は得点に着目してみましょう。

"勝者には1点"
"敗者には0点"
"引き分けの場合は両者に0.5点"

このルールから、1試合おこなわれるたびに、8人全体での総得点数は1ずつ増えていくことがわかります。

つまり8人の最終得点の合計は、試合数と同じ28点ということです。

また、先ほど下位4人同士の試合数は6回だとわかりました。

それぞれ上位4人とも試合をしているため、1人ずつの勝負数はわかりませんが、少なくとも下位4人の総得点は6点以上だとわかります。

そして問題文には「2位の人の得点は、下位4人の総得点と同じだった」とあります。

つまり2位の得点は、少なくとも6点以上だとわかりました。

## 判明する「2位の得点」

さて、そもそも8人の総当たり戦ということは、1人は7回の勝負をすると、先ほど確認しました。

ということは、1人が得られる得点の最大数は7点です。

先ほど、2位の得点は「6点以上」だとわかりました。

要するに、「6」「6.5」「7」のうちどれかです。

ですが、「7点」はありえません。

なぜなら7点を獲得できるのは全勝した人のみだからです。

上に1位がいる以上、2位が7点ということはありえません。

では、「6.5点」？

いえ、これもありえません。

問題文に「全員の得点がバラバラだった」とあるため、2位が6.5点なら、1位は7点になります。

この場合、1位は全勝したことになるため、当然2位の人は1位に負けています。

よって2位が6.5点では、矛盾が生じてしまいます。


決まりました。

2位の得点は6点です。

そして、下位4人の総得点も6点です。


## 浮かび上がる、ある法則

2位が6点だとわかったので、1位は「7点」か「6.5点」です。

とりあえず「7点」だと仮定して、先を考えてみましょう。

現状、以下がわかっています。


- 1位は7点
- 2位は6点
- 下位4人の合計は6点


さて、8人全体の総得点は28点でした。

ということは、3位と4位の合計得点は9点になるはずです。

また、1位は全勝していて、2位は1位にだけ負けているため、少なくとも3位は、1位と2位に負けています。

くわえて、「3位は2位より得点が低い」「全員の得点はバラバラ」ということを考えると、ありえる組み合わせは、


- 3位は5点
- 4位は4点


しかありません。

これまでの結果を表にまとめてみましょう。

| 順位 | 勝ち負け | 最終得点数 |
|---|---|---|
| 1位 | ○○○○○○○ | 7点 |
| 2位 | ×○○○○○○ | 6点 |
| 3位 | ××○○○○○ | 5点 |
| 4位 | ×××○○○○ | 4点 |

2位は1敗。その相手は1位です。

3位は2敗。その相手は1位と2位です。

4位は3敗。その相手は1位と2位と3位です。

つまり1位から4位までの全員が、

## 「自分より上位には負けたが、下位には全勝した」

という事実が確定します。

## 法則から導かれる真実

1位から4位までの人は、自分より上位の人にはすべて敗北している。

そして自分より下位の人にはすべて勝利している。

そうです。

下位4人はすべて、上位4人との対戦で敗れています。

つまり当然、3位の人は7位の人に勝っているわけです。

これで、答えがわかりました。

ちなみに、もし1位が「6.5点」だった場合、上位4人の得点は以下のように変わります。

- 1位は6.5点
- 2位は6点
- 3位は5.5点
- 4位は4点

「1位と3位が引き分けた」という構図であり、これはありえます。
　ですが、正解は同じになります。

## 正解 ｜ 3位の人が、7位の人に勝った

**まとめ** この問題の難しさは、「解答に必要な情報を自分で計算して入手しなければならない」ところにありました。「8人の総当たりということは、試合数は28だ」「勝つと1点ということは、最終的に1位の人は最高7点だ」など、わかっている情報を別角度で眺めて情報を増やしていくうちに、思考のヒントが見つかり、一歩ずつ前に進んでいけました。難解でしたが、俯瞰思考の基本の大切さを教えてくれる問題でしたね。

**POINT**

- 正解への道筋は見えなくても、わかっている情報を別角度から見てヒントを増やしていくことで全貌を見抜く糸口が見えてくる

# 思考の闇を手探りで進んでいけるか？

難易度 ★★★★★ + ★★

わずかな情報から全体像を把握していく思考を体感できたでしょうか。これで満足してはいけません。さあ、**超難問に挑んでみま**しょう。

## 隠された運動会

参加者が3人のみの運動会が開かれた。
各競技で1位にX点、2位にY点、3位にZ点が与えられ、
その配点は全競技を通して一定である。
なお各得点は、X＞Y＞Z＞0を満たす整数である。
すべての競技が終了したところ、
引き分けは一度もなく、以下の結果になった。

『Aは全体で22点』
『Bは槍投げで1位になり、全体で9点』
『Cは全体で9点』

さて、「100メートル走」で
2位になったのは誰？

途中までは、「さっきの"隠された総当たり戦"に近いな」と思って読んでいた人も、最後の一文で衝撃を受けたと思います。それまでまったく記述のない「100メートル走」について突然問われるからです。こんな問題、本当に解けるのでしょうか？

……解けます。なんとか。実際、この問題は論理的思考問題として非常に洗練されており、最初のとっかかりさえつかめれば、あとは一本道で正解に辿り着けます。解けると非常に爽快なので、できればヒントをあまり見ずにチャレンジしてみてください。

**ヒント1** 得点は「X＞Y＞Z＞0を満たす整数」が大きな手がかり
**ヒント2** 1つの競技で3人が得る合計得点は一定している
**ヒント3** 「競技数」と「得点の配分」は、ほぼ同時に判明する
**ヒント4** 1競技で得られる合計得点の最大値と最小値はすぐにわかる


# 謎 に 包 ま れ た 競 技

いろいろと情報が不足している本問ですが、最大の疑問となるのが「他の競技は何だったのか？」というもの。

競技に関する記述は、以下の2つのみです。

"Bは槍投げで1位になり、全体で9点"
"さて、「100メートル走」で2位になったのは誰？"

少なくとも「槍投げ」「100メートル走」の2競技があったことは明らかです。

しかし、それ以外の競技については、名称はおろか「全部でいくつあったのか？」ということすらわかりません。

「競技」についてほとんど何も情報がない以上、それとは別に提示されている「得点」に、何らかの鍵が含まれているはずです。

事実、「最終得点」以外の要素はすべて未知なので、ここから思考を

スタートしなければなりません。なぜなら、

**「確定していることから考える」のは問題解決の常套手段です。**

　ここから、突破の糸口を探り当てていきましょう。
　最も多くの情報が開示されている「最終得点」に着目してみます。

　"Aは全体で22点"
　"Bは槍投げで１位になり、全体で９点"
　"Cは全体で９点"

　とっかかりになりそうな情報が散らばっていますね。

## ひとつの気づきが選択肢を露わにする

　明らかになっている数字は、「22」「９」「９」の、３人の最終得点です。
　つまりこれらを足した「40点」が全競技の総得点だということです。

　そして問題文には、１つの競技の得点は「X＞Y＞Z＞0を満たす整数」だとあります。
　つまり「競技の数×(X+Y+Z)＝40」になるわけです。

　ここから、重要なヒントが導けます。
　それは、全競技の数は「40を割り切れる数」だということです。

　たとえば、競技が２つだった場合、「40÷２＝20」点が、１競技で３人が得る得点の合計となります。
　しかし競技が３つだったとすると、「40÷３＝13.333…」と、割り切れなくなってしまいます。

**「全体の競技の数は、40を割り切れる数字である」**

これがわかったことで、競技数としてありえる数が絞り込めます。
要するに40の約数であり、それは以下のとおりです。

1 , 2 , 4 , 5 , 8 , 10 , 20 , 40

## 情報をもとに選択肢を絞りこむ

"X＞Y＞Z＞0を満たす整数"

この情報は、もうひとつの重要な手がかりを与えてくれます。
それは、1つの競技で3人が得る合計得点の「最小値」です。
「X＞Y＞Z＞0を満たす整数」の最小値は、「3＞2＞1＞0」です。
つまり、1つの競技の合計点は最小でも6点です。

これで、以下の情報がわかりました。

① 競技の数としてありえる数：1 , 2 , 4 , 5 , 8 , 10 , 20 , 40
② 1つの競技で得られる合計得点：6点以上

くわえて、

「競技数（①）×1つの競技の合計得点（②）＝全体の総得点40」

これが成り立つ必要があります。
これらの情報をまとめると、かなり可能性は絞られます。
たとえば競技数が10個だった場合、1つの競技の合計得点は最小で
6点とわかっているので、全体得点は60点を超えてしまいます。
これは「全体得点は40点」という事実に反するため、可能性として
ありえません。

そんなふうに、「競技の数がいくつなら、上記の式が成り立つか」を
検証すると、下の表のようになります。

| 競技の数 | 1競技の<br>合計得点 | 可か不可か |
|---|---|---|
| 1 | 40 | 不可。少なくとも2競技存在することがわかっている |
| 2 | 20 | 不可。Bは「槍投げ」で1位を取って合計9点なのに、<br>Aが残り1競技で合計22点になることはない |
| 4 | 10 | 可。ありえる。いずれの条件とも矛盾しない |
| 5 | 8 | 可。ありえる。いずれの条件とも矛盾しない |
| 8 | 5 | 不可。1競技の合計得点の最小値は6であるから |
| 10 | 4 | 不可。同上 |
| 20 | 2 | 不可。同上 |
| 40 | 1 | 不可。同上 |

これまでにわかった情報から、「全体得点が40点」が成り立つのは競
技の数が「4」か「5」のときだけだと、わかりました。

## 各順位の獲得点数は？

競技の数は「4か5」の2つに絞れました。
そして、それぞれの場合の「1競技あたりの合計得点」も、「8か
10」だとわかりました。
ここから、1、2、3位の獲得点数も見えてきそうです。
競技数が4のときと5のときで、それぞれ検証してみましょう。

まず、競技の数が「4」だったと仮定してみます。
全体得点が40点なので、1競技の合計得点は10点となります。
「X＞Y＞Z＞0」を満たす組み合わせは、以下の4通りです。

```
(5,3,2)
(5,4,1)
(6,3,1)
(7,2,1)
```

それぞれ検証してみましょう。

このとき、3人それぞれの「最終得点」が役立ちます。

| 5,3,2 | 不可。たとえ4競技で1位を取っても22点に到達しない |
|---|---|
| 5,4,1 | 不可。同上 |
| 6,3,1 | 不可。この組み合わせで22点という個人得点はつくれない |
| 7,2,1 | 可。ありえる |

どうやら（7,2,1）という組み合わせのみありえそうです。

これならAの総得点が22点になる（1位を3回、3位を1回）可能性があります。

しかし、どうしてもBの総得点が9点になりません。

なぜならBは、「槍投げ」で1位を取っているからです。

その時点でBは7点を獲得しています。

残り3競技すべてで3位だったとしても、合計得点は10点（1位7点、3位1点、3位1点、3位1点）となります。

これでは最終得点としてわかっている9点をオーバーしてしまいます。

つまり、競技の数は4ではなかったということです。

したがって、おこなわれた競技の数は5つだったと確定します。

## ついに判明する、最後の数字

競技の数は5つであり、1競技の合計得点は8点ということがわかりました。

この場合、「X＞Y＞Z＞0」を満たす組み合わせは以下の2通りです。

（4,3,1）
（5,2,1）

あと一息です。
両パターンを検証してみましょう。

| 4,3,1 | **不可。最大得点が4×5＝20なので、Aが22点に到達しない** |
| 5,2,1 | 可。あらゆる条件と矛盾しない |

わかりました。
おこなわれた競技の数は5で、その得点内訳は「1位5点」「2位2点」「3位1点」です。

## 私たちは何を問われていたのか

ほとんど明らかになったのでもう解けたような気がしますが、ゴールはもう少し先です。
そう、覚えているでしょうか。

**この問題で問われているのは「100メートル走で2位になった人」です。**

「そうだった……。でも100メートル走とか、ここまで一度も登場してないじゃん……。これまでの努力、無駄じゃん……」
そう思いたくなりますが、ゴールはもう目前です。
あきらめずに最後にもう1回、考えてみましょう。

3人の最終得点は、問題文ですでにわかっています。

そして、全体の競技数は5で、得点内訳は「5,2,1」だとわかりました。

　ここから、**3人が5つの競技において、どのような得点をしたか**を考えていくことができます。

　まずはAについて考えてみます。

　Aの最終得点は22点です。

　それが可能な組み合わせは、「1位4回（5点×4）＋2位1回（2点×1）」しかありません。

　つまり、**Aが1位になれなかったのは1度だけ**です。

　当てはまるのは、Bが1位になった「槍投げ」のときです。

# 明かされた「運動会の結果」

　続いて、Bについて考えてみましょう。

　Bの最終得点は9点です。

「槍投げ」で1位になって5点を獲得しているため、残り4つの競技はすべて1点、要するに3位だったということです。

　さて、これでAとBが、5つの競技でそれぞれ何位だったかがわかりました。

　よって、必然的にCの結果もわかります。

　以上をまとめたのが、下の表です。

| 競技 | A | B | C |
|---|---|---|---|
| 槍投げ | 2位（2点） | 1位（5点） | 3位（1点） |
| ？ | 1位（5点） | 3位（1点） | 2位（2点） |
| ？ | 1位（5点） | 3位（1点） | 2位（2点） |
| ？ | 1位（5点） | 3位（1点） | 2位（2点） |
| ？ | 1位（5点） | 3位（1点） | 2位（2点） |
| | 合計22点 | 合計9点 | 合計9点 |

これが、運動会の全容です。

Ｃの順位に注目してください。

「槍投げ」以外のすべての競技で２位を取っているとわかります。

「槍投げ」以外にどのような競技があったのか、そしてどれが「100メートル走」の結果だったのかはわかりません。

ですが、「100メートル走（つまり槍投げ以外の競技）」で２位を取ったのはＣしかありえないわけです。

というわけで答えは「Ｃ」でした。

| 正解 | 「100メートル走」で<br>２位になったのはＣ |
|---|---|

**まとめ** この問題のポイントは、問題で問われている「競技」について考えていたら、一生解けないということです。ヒントがないので当然ですが、「100メートル走の結果は？」「他の競技は？」と悩んでいても、いつまで経っても前進できません。

いっけん正解にはつながらないように思えても、まずはわかっている「得点」について考え、情報を増やしていくうちに、おのずと答えがわかりました。情報量が圧倒的に少ない問題でしたが、それでもひとつずつ論理的に考えていくことで、答えを導ける問題でしたね。「槍投げ以外の２位はすべて同じ人」というのも秀逸なオチでした。

たとえ道のりは長くとも、「あらゆる可能性を検証したうえで、最後に残った可能性」こそ、信頼するに値するものだと思います。そのためには短絡的に結果を求めようとはせず、わかっていることを地道に分析し、整理して、少しずつ真実の輪郭をつかんでいくしかありません。

たとえ光が見えなくても、手探りで進んでいくうちに、闇に隠れた全体像が少しずつわかっていくのも、論理的思考問題の面白さです。ぜひ何度も挑戦して、この思考の過程を身につけられるといいですね。

ちなみにこの問題も、出典はＮＳＡ（米国国家安全保障局）です。俯瞰思考

のトリを飾るにふさわしい、美しい問題だったのではないでしょうか。

## Column 3　　イノベーションのジレンマ

　ビジネスにおいても、全体を広く見渡す「俯瞰思考」は重要です。そのことを実感させてくれる「イノベーションのジレンマ」という理論があります。アメリカの実業家、経営学者であるクレイトン・クリステンセンが、1997年に自身の著書で提唱しました。

　これは、大企業が新興企業に負けてしまう理由を説明した理論です。簡単に説明すると、既存の商品が優れているがゆえに、その長所や特徴を改良することばかりに目を奪われ、市場の状況や顧客の需要が見えなくなってしまう事実を指しています。その結果、新たな需要や技術の登場に気づけず、新興市場への参入が遅れてしまいます。

　有名な事例が、写真フィルムメーカーの「コダック」です。1960年代、世界で4,000億円以上の売上があった同社は、2012年に経営破綻しました。要因はデジタルカメラの登場です。コダックは世界で最初にデジタルカメラを開発した企業でもありますが、同社は写真フィルムで巨額の収益を上げており、また、当時はまだデジタルカメラの性能は未熟だったため、その技術を軽視しました。結果、イノベーションに乗り遅れたのです。

　クリステンセンは、イノベーションには従来製品を改良する「持続的イノベーション」と、従来製品の価値とはまったく異なる新しい価値を生み出す「破壊的イノベーション」があるとも言いました。持続的イノベーションに注力するあまり、破壊的イノベーションを軽視してしまう状況を、ジレンマとして指摘したのです。

　何かがうまくいったときほど、その成功に囚われそうになります。そんなときこそ「俯瞰思考」を働かせて、広い視野で考えることが大切なのだと思います。

第 **5** 章

# 多面的思考

## のある人だけが
## 解ける問題

対象となる物事に対して、複数の側面について考える。

それが、多面的思考です。

俯瞰思考が、

視点の高度を上げて全体像を見下ろすのに対して、

多面的思考は、

視点を当てる角度を変えるイメージです。


たとえば、雨が降ってきたというトラブルも、

傘の販売店や農家の視点に立てば嬉しい出来事です。

ひとつの事実も、視点を限定せず、

光を当てる側面を変えると、

それまで見えていなかった別の真実が見えてきます。


ケンカだって当事者同士は

自分が正しいと思っているように、

この世の中に絶対的な正解なんてほとんどありません。

頭のいい人は、ひとつの視点に偏って考えず、

あらゆる側面を考慮して最適解を導きます。

そんな多面的思考が問われる、12問をご紹介します。

# 視点を変えて
# 考えられるか?

難易度 ★ ☆ ☆ ☆ ☆

多面的思考とは、**視点を変えて考えること**。その感覚をつかめ
る、最も簡単な問題から考えてみましょう。

## 泥のついた2人

あなたは、一緒に庭仕事をしていた兄と家に戻ってきた。
2人ともお互いの顔は見えるが自分の顔は見えない。
2人の顔を見た父親が、
「少なくとも1人の顔に泥がついている」と教えてくれた。
そして父親は、2人を向かい合わせにしてこう言った。
「自分の顔に泥がついていたら手を挙げなさい」

しかしあなたも兄も、手を挙げなかった。
そこで父親はもう一度
「自分の顔に泥がついていたら手を挙げなさい」と言った。

**あなたはどうすべきだろうか?**

解説 なぜあなたも兄も、最初は手を挙げなかったのでしょう。そして最初の質問で答えられなかったのに、もう一度同じことを聞かれたところで、どうしろというのでしょうか。考えられる状況はそれほど多くはありません。兄の視点にも立って考えてみましょう。

## 意外と単純な状況

　手を挙げるべきかどうか判断するには、2人がおかれた状況を把握する必要があります。ありうる状況は次の3つのパターンです。

> ① あなたのみに泥がついている
> ② 兄のみに泥がついている
> ③ あなたと兄の両方に泥がついている

どの状況におかれているのか、考えていきましょう。

## 「どちらか」の顔にしか泥がついていないとき

　もし兄の顔に泥がついていないなら、あなたはこう考えるはずです。

> 「少なくとも1人は泥がついているはずなのに、兄の顔にはついていない。ということは泥がついているのは自分だ」

　これは兄から見た場合も同じです。
　もし、あなたの顔に泥がついていないなら、兄は即座に「泥がついているのは自分だ」とわかります。
　つまり、どちらか片方だけに泥がついている場合は、泥がついている人は、すぐに「泥がついているのは自分だ」とわかるわけです。
　しかし、2人とも1回目の問いかけでは答えられなかった。
　よってこの状況は、

のパターンしかありえません。

兄の顔には泥がついているけれど、「自分の顔に泥がついているかどうか」はわからなかったため、あなたは手を挙げられなかったのです。

## 兄 は な ぜ、手 を 挙 げ な か っ た の か

こういった思考が、多面的な思考です。

兄が手を挙げなかった理由を、兄の視点もふまえて考えてみるとこうなります。

「もし私の顔に泥がついていないなら、兄は自分の顔に泥がついているとわかるはずなのに、兄は手を挙げなかった」
「ということは、私の顔にも泥がついていて、私と同じように答えを出せなかったということだ」

こうして、あなたの顔には泥がついているとわかりました。

## 正 解 ┃ あ な た は 手 を 挙 げ る べ き

**まとめ** 自分の視点だけにとらわれず、さまざまな角度から考えることが「多面的思考」の基本です。「相手のこの行動は、相手の視点で考えると、こういう意味を持つ」。この視点をズラす感覚が、今後も重要になってきます。

### POINT

● 多面的思考とは、視点を変えて考えること
● 「この場合、相手はどう考えるか」と考えることが基本

# 他者の思考を
# 読み取れるか?

先ほどは「2人」の視点になって考える問題でした。では、**人数が増えたら?** 次の問題も、混乱せずに真実を導けるでしょうか。

## 髪 が 乱 れ た 3 人

あなたは兄と姉と一緒に、列車に乗っている。
3人が本を読んでいると、窓から突風が吹き込んだ。
あなたは本から顔を上げると、くすくす笑った。
兄と姉の髪が乱れていたからだ。

兄と姉もくすくす笑い続けている。
それを見たあなたは、こう思った。
2人とも自分の髪は整っていると思い込み、
それぞれ互いの乱れた髪を見て笑い続けているのだと。

さ て 、 あ な た の 髪 は 乱 れ て い る だ ろ う か ?

**解説** 先ほどの「泥のついた2人」と似たようなシチュエーションですが、今度は3人です。考え方はどのように変わるのでしょうか。先ほどの問題で身につけた思考を練習するつもりで、考えてみましょう。

## なぜ2人は、笑い続けているのか?

　兄は、髪が乱れている姉を見て笑っている。
　そして姉は、髪が乱れている兄を見て笑っている。
　つまり2人は、自分の髪は整っていると思っていて、互いの乱れた髪を見て笑っている。

　これが、状況を見て最初に考えたことです。
　ですが、ここでひとつ、疑問が浮かび上がります。それは、

### 「なぜ2人は笑い続けているのか?」

　ということです。
　あなたの髪は乱れていないという前提にもとづくと、笑っている姉を見た兄は、こう思うはずです。

　「姉が笑っている。しかし弟（あなた）の髪は乱れていない。つまり、私の髪も乱れていて、姉はそれを見て笑っているのだ」

　そう気づいた兄は、笑うのをやめ、自分の髪を整えるはずです。
　それなのに兄は、自分の髪を整えようとはせず笑い続けています。
　これが意味することは、ひとつだけ。
　兄は「姉は弟（あなた）を見て笑っている」と思っているということ。

　姉も同様に「兄は弟（あなた）を見て笑っている」と思っているから、自分の髪が乱れていることに気づかず、笑い続けているのです。

265

つまり、あなたの髪も乱れています。

正解 ｜ あなたの髪も乱れている

まとめ 「姉の思考を読んだ兄の思考を読む」ことで解ける問題でした。このように多面的思考とは、「相手」の視点に立つだけにとどまりません。「相手が考えている第三者の視点」や、「相手が考えている自分の視点」など、思考の視点を何重にもズラすことなのです。「自分の思考を読んでいる相手の思考を読んでいる自分の思考を読んでいる相手の思考を読む」みたいなことが、もしかしたら今後、出てくるかもしれませんね……ふふ。

**POINT**

- 「Aの思考を考えているBの思考を考える」など、何段階にも思考の視点をズラして考えることも、多面的思考のひとつ

難易度 ★ ☆ ☆ ☆ ☆

視点を変えて考えることで、他者の行動に隠された意図も見えてきます。次の問題、視点を変えて考えることで、**行動が意味することに気づけるでしょうか。**

## 階段の帽子

あなた、兄、姉が、帽子をかぶって階段に立たされている。
下から、兄、あなた、姉の順だ。
自分の帽子の色はわからないが、
前に立っている人の帽子は見える。

3人は赤帽子2つ、青帽子2つのうち、
いずれかをかぶらされていると、全員が知っている。
3人に、父親がこう言った。
「誰かが自分の帽子の色を当てられたら、ご褒美をあげよう」
しかし、はじめは誰も答えられなかった。

**あなたは答えられるだろうか？**

解説 出ました、「帽子問題」です。なかでもこれは、かなり有名な問題です。「33％の帽子」や「赤青のマーク」に似ていますが、あれらの問題とは異なり、人によって見ることができる帽子の数が異なります。ふつうに考えると、最も多くの情報を得ている姉が有利ですが……。

## 一瞬で答えが出る場合がある

"自分の帽子の色はわからないが、前に立っている人の帽子は見える。"

"3人は赤帽子2つ、青帽子2つのうち、いずれかをかぶらされている。"

あなたと兄にとっては不利な状況ですが、姉は自分以外の全員の帽子を見ることができます。

そしてこの状況を見ると、姉が一瞬で答えられる場合があることがわかります。それは、

**あなたと兄の帽子の色が同じだったときです。**

同じ色の帽子は2つしかないため、あなたと兄の帽子の色が同じなら、姉は自分の帽子が2人とは異なる色だと瞬時にわかります。

## 沈黙の意味に気づけるか

あなたと兄の帽子が同じ色なら、姉は自分の帽子の色を即答できる

これが判明しました。

ですが問題文には、「はじめは誰も答えられなかった」とあります。
この沈黙が意味すること。それは、

**あなたと兄の帽子の色が同じではなかったため、姉は答えがわからなかった**

ということです。

そしてあなたは、前に立っている兄の帽子の色がわかります。

よって、兄の帽子とは違う色を答えれば、あなたは正解できます。

正解 | あなたは自分の
帽子の色を答えられる

まとめ いちばん多くの情報を持つ人ではなく、2番目の人が答えられるという面白い問題です。「姉がわかっていない」という情報が、重要なヒントになっていましたね。姉の視点で考え、「姉が答えられない＝特定できない組み合わせだ」と気づけたら、答えられる問題でした。自分の持っている知識や情報だけでは答えがわからないことでも、他者の思考や行動の意図を見抜くことで、新たなヒントを得られることがあるのです。

POINT

- 他者の行動の裏にある思考や意図も、大きなヒントにできる
- 「わかっていない」という状況から、わかることがある

第5章 多面的思考

# 未来の展開を
# 見通せるか？

難易度 ★ ★ ☆ ☆ ☆

他者の視点で考えることだけが、多面的思考ではありません。
**「いま」という視点からズラして考えることもまた、重要です。**次
の問題、冷静な判断ができるでしょうか。

## ３人の射撃戦

あなたはAとBの２人と水鉄砲を順番に撃ち合い、
撃たれた人は脱落する。
「あなた→A→B→あなた→…」の順で撃ち、
最後の１人になるまで続ける。

ただし、３人の射撃能力には差がある。
『あなたの命中率は30％』
『Aの命中率は50％』
『Bの命中率は100％』

全員、とても合理的で、勝つための最善策をとる。
では、あなたが勝つための最適な行動とは？

**解説** 命中率50％のＡと、100％のＢ、どちらを狙うか……。考える余地はないように思えますが、他の２人の思考になって冷静に考えてみると、あなたの勝率を高める意外な選択肢が見えてくるはずです。

## ＡかＢを撃つと、どうなるのか？

　行動順は、あなたが一番手です。

「Aを狙って撃つ」「Bを狙って撃つ」どちらも可能な状況。

　たとえば、あなたがAを狙って水鉄砲を撃ち、命中したとします。

　Aが脱落したので、次の射撃はBのターンです。

　Bは命中率100％なので、あなたは確実に撃ち抜かれます。

　つまり、最初のターンでAを撃ち落としてはいけないのです。

　一方で、Bを撃ち落とした場合、以後Aとあなたが互いを狙って撃ち合いますが、あなたは命中率30％に対しAの命中率は50％です。

　つまり、負ける可能性は高い。

　しかも撃つ順番は、Aの方が先になります。

　あなたにとっては圧倒的不利。できれば避けたい状況です。

## ２人を操る、意外な選択

　あなたのターンでAかBが脱落したら、あなたは不利になります。

　つまりあなたは、

### 初回では誰も撃ち落としてはいけないのです。

　仮にあなたが水鉄砲を外した場合、次はAに射撃のターンが回ります。

　そのときAは「Bを狙おう」と判断します。

　Aにとっては、命中率30％のあなたと、命中率100％のBを比較したとき、命中率の高いBが残っている方がやっかいです。

そして「全員無事の状態でBにターンが回ったら、Bはより命中率が高い自分の方を確実に狙ってくるはず」とも考えます。

　だからAは、先んじてBを狙って撃つのです。

　もしAがBに命中させたら、あなたとAが残り、あなたの射撃ターンになります。

　一方で、もしAがBに命中させられなかったら、Bは命中率が高いAの方を狙い、100%命中させて倒します。

　そしてあなたとBが残って、あなたの射撃ターンになります。

　つまりあなたは、初回の射撃をわざと外すことで、1対1で、なおかつ自分が先に撃てる状況をつくり出すことができます。

　これが、あなたにとっての最適戦略です。

正解 ｜ あなたは初回のターンで
わざと水鉄砲を外す

**まとめ** 「命中率が誰よりも低いから、狙われる優先順位が低い」。不利な状況を逆手に取った発想ですね。具体的には、あなたが初回でBを撃ち落としたときの勝率は15%（Aが50%で外し、あなたが30%で当てる）ですが、初回でわざと外したときの勝率は30%（AかBのどちらかが残り、あなたの2回目のターンになる）と、勝つ確率は2倍に跳ね上がります。このように多面的に考えることで、「他者を動かすことで自分に有利な状況をつくる方法」に気づくこともあるのです。

POINT

● 他者の視点に立って「先読み」することで、自分に都合よくコトを進めることもできる

# 思考のベクトルを
# 変えられるか？

**難易度** ★ ★ ★ ☆ ☆

時間の経過をともなう問題を解決する際に有益な方法が、「**先読み**」以外に、もうひとつあります。次の問題は、そこに気づけるかがポイントです。

## 人嫌いが集まるバー

人嫌いの客ばかりが集まるバーがある。
そのバーには25脚のイスが一列に並んでいて、
どの客も、先客からいちばん離れたイスに座る。

そして誰も、人の隣に座ろうとはしない。
店に入り、座れる席がないと店を出てしまう。

バーテンダーは、できるだけ多くの客に来てほしい。
バーテンダーが1人目の客に座る席を指定できるとしたら、

**どの席に座らせればいいだろうか？**

他の客の隣に座りたくない。そんな気分のときってありますよね。バーでは落ち着いて飲みたい気持ち、私もわかります。おそらく似たようなことが、世界中のバーで起きていることでしょう。悩める多くのバーテンダーを救う気持ちで、考えてみましょう。

# 意外と悩ましい「客の動き」

　この問題で求められているのは、「できるだけ多くの客が座れる方法」です。

　そこでまずは、**可能な最大数**を考えてみましょう。


　25脚のイスがあり、客は隣同士では座らない。

　つまり客が最も多く座れるのは、両端に客が座っていて、客と空席が交互に並んでいる状態です。


●○●○●○●○●○●○●○●○●○●○●○●○●
1 2 3 4 5 6 7 8 9 10 11 12 13 14 15 16 17 18 19 20 21 22 23 24 25


　これなら**13人の客**が座れます。

　目指したいのはこの座り方です。


　ところが、客は自動的にこんな座り方をしてくれるわけではありません。

　最初の客が１番のイスに座ったとすると、次の客は最も離れた25番に座るでしょう。

　その次の客は、２人のちょうど真ん中の13番のイスに座ります。

　そしてさらに次の客は、間をとって７番か19番に座ります。

　すると、こんな感じになります。


●○○○○○●○○○○○●○○○○○●○○○○○●
1 2 3 4 5 6 7 8 9 10 11 12 13 14 15 16 17 18 19 20 21 22 23 24 25

ここまでは順調ですが、**ここからが問題です。**

次に来た客は、すでに人が座っている席の間、たとえば1番と7番の間の席（4番）に座るでしょう。

同じように次の客も、10番、16番、22番に座っていきます。

そうすると、こうなります。

●○○●○○●○○●○○●○○●○○●○○●○○●
1　2　3　4　5　6　7　8　9　10　11　12　13　14　15　16　17　18　19　20　21　22　23　24　25

こうなると、「誰とも隣り合っていない席」は、もうありません。

つまり**最終的に9人しか座れません。**

他の客と隣り合う席に座ってくれる客はいないからです。

## ゴールからスタートまで巻き戻してみる

では、どうすればいいのか？

選択肢が多すぎて考えるのが嫌になりますよね。

でも大丈夫。

この問題もそうですが、とりうる手段が複雑な場合は、

**ゴールから逆算して考えた方がうまくいきます。**

つまり、完成形から時間を巻き戻しながら考えていきます。

いわば「逆算思考」とでも言いますでしょうか。

そこでもう一度、目指すべきゴールを確認しましょう。

●○○●○○●○○●○○●○○●○○●○○●○○●
1　2　3　4　5　6　7　8　9　10　11　12　13　14　15　16　17　18　19　20　21　22　23　24　25

この状態になる**ひとつ前の段階**を考えてみるんです。

たとえば、1番と5番の席に客を座らせることができれば、3番の席

に客を座らせることができます。

● ○ ○ ○ ● ○ ○ ○ ● ○ ○ ○ ● ○ ○ ○ ● ○ ○ ○ ● ○ ○ ○ ●
1　2　3　4　5　6　7　8　9　10　11　12　13　14　15　16　17　18　19　20　21　22　23　24　25

　では、5番の席にかならず客を座らせるには？
　……1番と9番の席が埋まっていればいいですね。

● ○ ○ ○ ○ ○ ○ ○ ● ○ ○ ○ ○ ○ ○ ○ ● ○ ○ ○ ○ ○ ○ ○ ●
1　2　3　4　5　6　7　8　9　10　11　12　13　14　15　16　17　18　19　20　21　22　23　24　25

　1番と9番の席が埋まっていれば、次にきた客は、その真ん中にある5番の席に座ります。

　では、9番の席にかならず客を座らせるには？
　……1番と17番の席が埋まっていればいいですね。

● ○ ○ ○ ○ ○ ○ ○ ○ ○ ○ ○ ○ ○ ○ ○ ● ○ ○ ○ ○ ○ ○ ○ ○
1　2　3　4　5　6　7　8　9　10　11　12　13　14　15　16　17　18　19　20　21　22　23　24　25

　では、17番の席にかならず客を座らせるには？
　……1番と33番の席が埋まっていればいいですね。
　ところがこのバーの席は25しかありません。
　そんなわけで、バーテンダーは最初の客を17番に座るように指定しなければいけません。
　これが正解です。
　ちなみに席の並びは左右対称なので、9番でも正解です。

## 確認してみよう

　これでうまくいくか、検証してみましょう。
　まず、最初の客を17番の席に座らせます。

○ ○ ○ ○ ○ ○ ○ ○ ○ ○ ○ ○ ○ ○ ○ ○ ● ○ ○ ○ ○ ○ ○ ○ ○
1　2　3　4　5　6　7　8　9　10　11　12　13　14　15　16　17　18　19　20　21　22　23　24　25

２人目の客は、17番から最も遠い１番に座ります。

● ○ ○ ○ ○ ○ ○ ○ ○ ○ ○ ○ ○ ○ ○ ○ ● ○ ○ ○ ○ ○ ○ ○ ○
1　2　3　4　5　6　7　8　9　10　11　12　13　14　15　16　17　18　19　20　21　22　23　24　25

　３人目、４人目の客は、９番か25番に座ります。

● ○ ○ ○ ○ ○ ○ ○ ● ○ ○ ○ ○ ○ ○ ○ ● ○ ○ ○ ○ ○ ○ ○ ●
1　2　3　4　5　6　7　8　9　10　11　12　13　14　15　16　17　18　19　20　21　22　23　24　25

　続いて、５番、13番、21番が埋まり、

● ○ ○ ○ ● ○ ○ ○ ● ○ ○ ○ ● ○ ○ ○ ● ○ ○ ○ ● ○ ○ ○ ●
1　2　3　4　5　6　7　8　9　10　11　12　13　14　15　16　17　18　19　20　21　22　23　24　25

　そして３番、７番、11番、15番、19番、23番が埋まります。

● ○ ● ○ ● ○ ● ○ ● ○ ● ○ ● ○ ● ○ ● ○ ● ○ ● ○ ● ○ ●
1　2　3　4　5　6　7　8　9　10　11　12　13　14　15　16　17　18　19　20　21　22　23　24　25

　これで、13人が座ることができました。

| 正解 | 端から17番目もしくは9番目の席に座らせる |
|---|---|

**まとめ** ゼロから考えていくと、いくつも存在する可能性に困惑してしまう問題です。しかし理想とする結果から逆算しながら、他者の視点に立って考えることで、おのずと「必要な過程」が見えてきました。「逆算思考」とでも言うべきスキルを学ぶなら、本問が最高傑作になるでしょう。なぜなら逆算するだけで解けるからです。「未来から遡る」という視点で状況を分析するだけで、複雑な問題が一気に簡単になる。まさに、多面的に考えることの大切さが感じられます。

第5章

多面的思考

## Column 4　　共有地の悲劇

　25も席があるのに、人々が「誰かの隣には座りたくない！」と考え、自由に座ることで、最少で9人しか座れなくなる。いわば各々の自分勝手な行動によって、お店に迷惑がかかってしまいました。

　これと少し似た話で、個人が自身の利益の最大化を優先することで全体としては被害をこうむってしまう、「共有地の悲劇」という考え方があります。アメリカの生物学者、ギャレット・ハーディンが、1968年に論文として発表しました。そこで指摘されたのは、牛の牧草地を共有するメンバーの1人が「自分1人くらい好き勝手にしても大丈夫」と思い、牛に牧草を自由に食わせていたら、じつは他のメンバーもみんな同じことを考えていて、牧草が枯渇して共倒れになる、という事例です。

　自発的に協力行動を取ればすべてのメンバーが恩恵を受けられるのに、実際は身勝手な行動を取るものが現れる。他のメンバーも同じことをするため、結局は全員が損をする。みんなのことを考えて行動しましょうと教えてくれる、大切な考え方です。

# 思いどおりの結果に
# 他者を誘導できるか？

難易度 ★ ★ ★ ☆

結果から逆算して考える。この力を使えば、**他者を思いどおりの
結果に誘導することもできます。**次の問題も同様の思考が求め
られます。ただ、難易度は段違いですが……。

## 金貨の山分け

A, B, C, D, Eの5人で100枚の金貨を山分けする。
「A→B→C→D→E」の順番で「分割案」を提案し、
5人それぞれに「賛成」か「反対」かを述べる。
賛成が半数以上なら、その分割案が採用される。
ただし、提案した分割案が不採用になった人は追放され、
その次の人が新たな分割案を提案することになる。

5人はきわめて論理的であり、誰も追放されたくない。
そして全員、なるべく多くの金貨がほしい。
賛成でも反対でも取り分が変わらない場合、反対する。

**Aはどのような戦略をとれば、
最も多くの金貨を得られるだろうか？**

元になっているのは、「海賊と金貨」というよく知られている問題です。求められていることはシンプルですが、実際に考えはじめてみると予想以上に難しいことがわかります。なぜなら5人は基本的に、他の人の提案に反対したいはずだから。誰かが追放されたら、その分、自分の分け前が増える可能性が高まるので、当然です。それでも賛成される「分割案」とは？　難問ですが、きわめて鮮烈な論理的解答が存在します。さあ、論理的思考問題界でも評価の高い良問にチャレンジしてみましょう！

ヒント1 いきなり問題文の状況を考えようとしても、うまくはいかない
ヒント2 まずは「2人の場合」を考えてみよう
ヒント3 もらえる金貨が「0枚」と「0枚じゃない」のとでは大違い

## 「追放システム」のおさらい

　この問題で最大のポイントとなるのが、追放システムです。

　たとえばAが、5人の取り分を（20,20,20,20,20）にする分割案を提案したとします。

　これを採用するかどうかを、Aを含む5人で多数決を採り、賛成が半数以上ならその分割案が採用されます。

　不採用ならAは追放され、残ったB,C,D,Eで同じことを繰り返します。

- 全員で多数決
- 賛成が半数以上なら採用

という点が重要になるので、注意して考えてください。

　なお、問題文にある「5人はきわめて論理的である」とは、全員が「もしここで賛成票／反対票を入れると何が起こるか」をきわめて論理的に先々まで読んで行動するという意味です。

そう考えると、先ほどの「20ずつ」で均等に分ける分割案の場合、**A以外の４人は確実に反対するでしょう。**

なぜならAを追放すれば、４人の均等割はひとり25になるからです。

こう考えていくと、どんどん頭が混乱していきますね……。

## 信じがたい正解

この問題で求められているのは、「Aが最も多くの金貨を手にする分割案」です。

今回の正解はかなり衝撃的なので、Aが手に入れられる金貨の枚数だけ、先にお伝えしてしまいます。それは、

### 98枚です。

「さすがにそれは無理だろう」と言いたくなる枚数です。

Aが98枚ということは、残りの２枚は、おそらく分割案に賛同してくれる２人に渡すものだと予想できます。

しかし、１枚ずつもらって満足するなんてこと、ありえるのでしょうか?

なぜそれが成立するのか、どうすればこの案を導き出せるのか、それぞれ考えていきましょう。

## 残りが「２人」になると、どうなる?

先ほどのように「Aがこの案を提案したら、Bはこう考えるはず。するとCはこう考えて……」と考えていくと、かなり混乱します。

こういう場合は、いまを起点に考えるのではなく、

### 未来を起点に考えてみましょう。

つまり、前の３人が全員追放されて、残りがDとEの「２人」になっ

た最終局面です。

このとき、Dは「100, 0」という提案をすることで確実に金貨100枚を入手できます。

当然Eは反対しますが、ルールでは「賛成が半数以上なら採用」とあるため、「賛成1 (D) : 反対1 (E)」となり、分割案は採用されます。

つまりDとEの2人になってしまった場合、Eは絶対に金貨を1枚も得られないということがわかります。

もちろんこのことを、論理的であるDとEは理解しています。

## 残りが「3人」になると、どうなる？

では次は、AとBが追放されて、C, D, Eの3人が残った状況を考えてみましょう。

このとき、論理的なCは (99, 0, 1) という分割案を提案するでしょう。

Dに1枚も渡さないのは、どのみちDは反対するからです。

Dは、Cさえ追放すれば、先ほど説明した「100, 0」という分割案で自分が金貨100枚を得られると知っています。

そのため、DはCがいかなる提案をしても絶対に反対します。

一方でEも、Cを追放して残り2人になると自分は金貨が1枚も手に入らないことを知っています。

だからEは、たとえ1枚でも金貨が手に入るのであればCの案に賛成するのが最適戦略なのです。

そのためEに1枚渡すだけで、多数決はCとEの賛成となり、分割案は可決されます。

だからCは、残り3人になったとき、「99, 0, 1」と提案するのです。

## 残りが「4人」の場合は?

では次は、Aが追放されて、B,C,D,Eの4人が残った場合を考えてみましょう。

このとき、論理的なBは「99,0,1,0」という分割案を提案するでしょう。

なぜDにだけ、金貨を渡すのでしょう。

それは先ほど考えたように、残りがC,D,Eの3人になったとき、Dは自分が1枚も金貨が手に入らないと知っているからです。

だから、Dはたとえ1枚でも金貨が手に入るのであればBの案に賛成するのが最適戦略なのです。

そのためDに1枚渡すだけで、多数決はBとDの賛成となり、分割案は可決されます。

だからBは、残り4人になったとき、「99,0,1,0」と提案するのです。

## では、「5人」の場合は?

ようやく問題文の状況に辿り着きました。

以上の展開から考えると、Aは「自分が追放されたら1枚も金貨を手に入れられない人」に金貨を1枚だけ与えて票を獲得すればいいわけです。

Aが追放され、B,C,D,Eの4人になったときの場合は、先ほど確認しましたね。

その場合、1枚も金貨を得られない人はCとEでした。

つまりAが提案すべきは、

**「98,0,1,0,1」**

という分割案です。

　これによってCとEの賛成を得られ、賛成票は全体の過半数を占め、この案は無条件で受け入れられるのです。

| 正解 | 「A，B，C，D，E」の取り分を「98，0，1，0，1」にすれば、Aは98枚の金貨を手に入れられる |

**まとめ** 先ほどの「人嫌いが集まるバー」同様に、理想的な結果から逆算していくことで解ける問題でした。それにより、考えるべき人数も少なくなり、思考もシンプルになります。「いっけんどう考えていいのかわからないけれど、単純なモデルから考えていくと論理的に答えが出る問題」って、解いていて面白いですよね。

ちなみに今回は全員が「論理的に考えられる」からこそ成立していますが、もしそうではない人がいたら何が起こるでしょう？　それがCとEだとしたら、彼らは「1枚だけで満足できるか！」と怒って、Aの提案に反対するでしょう。その結果、自分が1枚も手に入れられなくなるとも知らずに……。他者の立場に立って未来を見通す多面的思考って、ほんとに重要です。

**POINT**

● 理想の結果から、「こうなるには、皆がどう考えればいいのだろう」と
　逆算していくことで、理想を実現するための戦略が見えてくる

# 最後には勝つ長期的な戦略を描けるか?

難易度 ★ ★ ★ ★ ☆

視点を「いま」から切り離し、多面的に考えられるようになると、**長期的な戦略が描けるようになります。**たとえば次の問題、最後に笑う方法が見つかるでしょうか。

## 給料の投票

ある国で革命が起こり、
国王を含めた全国民66人の給料は全員1ドルになった。

ただし国王は給料の再分配案を提案する権利を持っている。
その案は国民全員の投票にかけられ、
反対よりも賛成が多ければ実行される。
各投票者は、自分の給料が増えるなら「賛成」を、
減るなら「反対」を、変わらないなら「棄権」を選ぶ。

ただし、国王には投票権がない。

**さて、国王が獲得できる給料は
最大いくらだろうか?**

なお、給料として使えるお金は66ドルしかない。

給料の再分配案を提案できるとはいえ、ぱっと見、国王の取り分はそんなに多くはできなさそうです。なぜなら国民の賛成を得るには、国民の給料がいまよりも「増える」案を提案しなくてはならないからです。そもそも国王は投票権を持っていないため、自分以外の33人以上の賛成を得なくてはいけません。

ただし、あることに気づけば、夢のような状況に変えられます。国民にとっては悪夢ですが……。

**ヒント1** 「給料が上がりも下がりもしない人は棄権する」が大きなポイント

**ヒント2** 給料が上がる人が下がる人より多ければ、その案は通る

**ヒント3** 分配案の提案と投票は何度でもできる

## どうやっても給料が上がらない国王

　国王としては、なかなかつらい状況です。

　現状、全国民が1ドルの給料をもらっているため、過半数の33人の賛成を得るには、33人の給料を「2ドル以上」にしなくてはいけません。

　しかし33人の給料を「2ドル」にすると財源の66ドルは尽きます。

　そもそも、投票権がない国王が「給料が上がる側」に入る提案をすると、

32人＋国王：給料が上がる（1ドル→2ドル）→賛成32票

33人：給料が下がる（1ドル→0ドル）→反対33票

　となり、「賛成32：反対33」で提案は否決されます。

　つまり初期状態の時点で、国王が自分の提案に賛成してもらうためには、

**自分は「給料が下がる側」にならなくてはいけないのです。**

つまり、こういうことです。

> 33人：給料が上がる（１ドル→２ドル）→賛成33票
> 32人＋国王：給料が下がる（１ドル→０ドル）→反対32票

## 国王が見つけた「悪知恵」

ここからがポイントです。

　１回目の分配案で給料がゼロになった32人は、今後、自分の給料が上がらない限り、すべての投票を棄権します。

**給料を上げない限り、存在を無視できるのです。**

　たとえば次に国王が、こんな分配案を提案したとします。

> 17人：給料が上がる（２ドル→３ドル）→賛成17票
> 16人：給料が下がる（２ドル→０ドル）→反対16票
> 32人：給料は維持（０ドル→０ドル）→棄権32票
> 国王：給料が上がる（０ドル→15ドル）→投票権なし

　１回目の分配案で給料が上がった33人のうち、過半数の17人の給料を１ドルだけ上げ、残りの16人の給料を下げる提案です。

　１回目の分配案で給料が０になった32人は、今回も０にします。

　そして、残りの15ドルをすべて自分の給料にします。

　当然、給料が下がる16人は反対しますが、給料が上がる17人は賛成します。

　こうすることで、「賛成17：反対16：棄権32」となり、提案は採用され、国王は15ドルを手にします。つまり、

**棄権する人を増やしてから、自分に有利な分配案を提案する。**

これが、国王が編み出せる「悪知恵」です。

## 国王だけが最終的に得をする戦略

先ほど見たのは、国王が2回目の提案で「自分の給料を増やす案」を提案した場合です。

棄権する人がさらに増えた状態でこの「悪知恵」を発動すれば、もっと多くの給料を手にできます。

では、この手法を活用して限界まで棄権者を増やすとどうなるか、見てみましょう。

やることは簡単。毎回、「残っている有権者の過半数の給料を上げる分配案」を提案していくだけです。

● 1回目の提案
33人：給料が上がる（1ドル→2ドル）→賛成33票
32人＋国王：給料が下がる（1ドル→0ドル）→反対32票

● 2回目の提案
17人：給料が上がる（2ドル→4ドルか3ドルに）→賛成17票
16人：給料が下がる（2ドル→0ドル）→反対16票
32人＋国王：給料は維持（0ドル→0ドル）→棄権32票

● 3回目の提案
9人：給料が上がる（4ドルか3ドル→7ドルか6ドル）→賛成9票
8人：給料が下がる（4ドルか3ドル→0ドル）→反対8票
48人＋国王：給料は維持（0ドル→0ドル）→棄権48票

● 4回目の提案
5人：給料が上がる（7ドルか6ドル→13ドルか12ドル）→賛成5票
4人：給料が下がる（7ドルか6ドル→0ドル）→反対4票
56人＋国王：給料は維持（0ドル→0ドル）→棄権56票

● 5回目の提案

3人：給料が上がる（13ドルか12ドル→22ドル）→賛成3票

2人：給料が下がる（13ドルか12ドル→0ドル）→反対2票

60人＋国王：給料は維持（0ドル→0ドル）→棄権60票


● 6回目の提案

2人：給料が上がる（22ドル→33ドル）→賛成2票

1人：給料が下がる（22ドル→0ドル）→反対1票

62人＋国王：給料は維持（0ドル→0ドル）→棄権62票


6回の提案で、有権者を最低2人にまで減らせました。

## 悪魔のような総仕上げ

ここまできたら、最後は国王の給料を上げる提案をして終わりです。

しかし残った有権者は2人なので、片方の給料を上げても過半数にはなりません。

そこで、これまで給料を0ドルにしてきた人のなかで適当な3人の給料を1ドルだけ上げてあげるのです。

すると、こうなります。

● 7回目の提案

3人：給料が上がる（0ドル→1ドル）→賛成3票

2人：給料が下がる（33ドル→0ドル）→反対2票

60人：給料は維持（0ドル→0ドル）→棄権60票

国王：給料が上がる（0ドル→63ドル）


これで国王は、63ドルを手にできました。

**まとめ** 投票1～6回目までは自身の給料を0にし、最後の最後で利益を取りにいく。とんでもなく悪い国王ですが、賢い戦略ではあります。それまで、「自分の給料を上げてくれるなら……」と、国王の提案に賛同していた人たちが、最後の最後でハシゴを外されています。少し可哀想ですが、自分だけいい思いをして他者を顧みないとしっぺ返しにあうという教訓も感じられますね。

この問題はスウェーデンにあるリンケピング大学のヨハン・ウェストルンド氏が考案したものです。現実世界でも起こりえそうな状況だなと思っていたら、どうやら過去にスウェーデンで実際に起きた出来事とちょっと関係があるとか。短期的な得だけに目を向けていると、結果的には損をする可能性があるという何よりの教訓ですね。

## POINT

- 思考の主体や時間軸をズラして考えられると、「最後に得する」という選択肢も考えられるようになる

# 「もしも」の「もしも」
# まで考えられるか?

**難易度** ★ ★ ★ ☆

視点を変えて考えても、確証がもてないこともあります。その場合は仮定のまま思考を進めるのですが……。さあ、**ここから一気に複雑になります**。

## ８枚の切手

赤い切手が４枚、青い切手が４枚ある。
これらをA,B,Cの３人に見せたあと、
それぞれの額にランダムに２枚ずつ貼り付け、
残った２枚は箱の中に入れた。
３人は自分の額の切手は見えないが
他の２人の切手が何色なのかは見える。

いま、３人に自分の切手の色がわかるかと順番に聞いた。
A「わからない」　B「わからない」　C「わからない」
A「わからない」　B「わかった!」

さ て 、B の ２ 枚 の 切 手 の 色 は ?

みんな「わからない」って言ってるんだから、もうわからないって結論でいいじゃん。思わず思考を放棄したくなる問題です。いっけん「階段の帽子」にも似ていて、互いの発言もわかる分、考えやすそうな気もしますが、その会話内容が事態をややこしくしていますね。「わからない」だらけの発言ですが、すべての発言に意味があります。正直、かなり複雑ですが、その分とても面白い問題なので、ぜひ挑戦してみてください。

## まずは情報を「単純化」する

かなり厳しい状況に思えますが、2枚の切手の組み合わせは「赤・赤」「赤・青」「青・青」しかありません。

そしてその組み合わせは、実質的に「2枚とも同じ色」か「異なる色」の2通りに集約されます。

「50%の帽子」と同様の、パターン化ですね。

また、いっけんすると自分の色を当てるのは不可能に思える状況ですが、じつは即座に正解（自分の切手が何色なのか）できる場合があります。

それは、「自分以外の2人の切手がすべて同一色」の場合です。

たとえば、Aから見てBの切手が「赤・赤」、Cの切手も「赤・赤」だった場合、Aは自分の切手が「青・青」だとわかります。

同じ色の切手は4枚しかないのですから、目の前に同じ色の4枚の切手が見えれば、自分の切手はそれ以外の色だとわかりますよね。

- 切手の組み合わせは「2枚とも同じ色」か「異なる色」しかない
- 目の前に見える4枚の切手がすべて同じ色なら自分の色がわかる

この情報が、すべての出発点になります。

では、3人の発言を順に考察していきましょう。

## 「わからない」だらけの1ターン目

発言を検証していくといっても、ほとんどは「わからない」です。
ですが、わからない理由を考えていくと、ヒントが見つかります。
では、最初の発言です。

"A「わからない」"

Aには正解がわからない。
つまりB,Cの4枚の切手は「すべて同一色」ではないということです。

"B「わからない」"

上記と同様です。
A,Cの4枚の切手は「すべて同一色」ではありません。

"C「わからない」"

こちらも同じです。
よってA,Bの4枚の切手も「すべて同一色」ではありません。
1ターン目の回答で判明したのは、「同一色の切手が貼られた2人の組み合わせは存在しない」ということのみです。

## 「思考の読み合い」の2ターン目

さて、ここからが重要です。

"A「わからない」"

Aの2ターン目の発言も、こうでした。
なぜAは、BとCの発言を聞いてなお、わからなかったのでしょう。
1ターン目のBとCの発言を聞いて、Aは何を考えたのか。

これを想像してみましょう。

とはいえ、この時点で確定的な情報はほとんどありません。
すなわち、仮定によって進めていく必要があります。
そこでいったん、Aが見ているBの切手が「赤・赤だったら（つまり同一色だったら）」と仮定して、2ターン目のAの思考を覗いてみます。

仮定①：Bは（赤・赤）

ちなみに、ここから複雑になるので、じっくり読み進めてください。

A「Bは（赤・赤）だ」
A「ということは私は（赤・赤）ではない。もし私が（赤・赤）なら、Cは自分の切手が（青・青）だとわかり、1ターン目で答えるはずだ」
A「つまり私は（青・青）か（赤・青）であるはず」

Bが（赤・赤）だと仮定すると、Aは自分が（青・青）か（赤・青）であるとわかりました。
ここで、Aはさらに仮定を重ねて考えます。

仮定①：Bは（赤・赤）
仮定②：Aは（青・青）←追加

この場合、2人を見た1ターン目のCの思考はどうなるでしょう。
以下は、Aが想像した、Cの思考です。

C「Aは（青・青）で、Bは（赤・赤）だ」
C「でも最初にAが解答できなかったということは、私は（赤・赤）ではない。一方でBも解答できなかったということは、私は（青・青）でもない。つまり私は（赤・青）だ」

よってBが（赤・赤）の場合、Aは、「自分が（青・青）の場合も、Cは
1ターン目で答えがわかる」と確信できるということがわかりました。

## Cの思考を読んだAの結論

A「Bは（赤・赤）だ。その場合、私が（赤・赤）か（青・青）なら、
　Cは1ターン目で自分の色がわかってしまう」
A「しかし、Cは答えられなかった。ということは、私はそのどち
　らでもない。つまり私の色は（赤・青）だ」

これが、Bが（赤・赤）だと仮定した場合に、Aが1ターン目終了時に
得る結論です。
ということで、2ターン目でAは「自分の切手は赤と青」という正解
に辿り着けるはずです。

……ですが、忘れてはいけないことがあります。
Aは、2ターン目でも「わからない」と答えています。
Bが（赤・赤）なら、Aは自分が（赤・青）だとわかるはずなのに。
これはつまり、

**Bが（赤・赤）だという前提の仮定が間違っています。**

## Cの思考を読んだAの思考を読んだBの結論

場の状況だけで、私たちはこの結果を論理的に導けました。
ということは、この3人も同じ思考ができるということです。
そう、2ターン目のAの返答を聞き終えたBも、ここまで私たちがし
たのと同じ仮定・検証を脳内でおこなっています。つまり、

**Cの思考を読んだAの思考を読んだのです。**

よって2ターン目のAの返答が終わったとき、Bはこう考えました。

> B「もし私が（赤・赤）なら、Aは自分が（赤・赤）もしくは（青・
>   青）の場合、Cが1ターン目で正解できると気づくはず」
> B「しかし、Cは正解できなかった。つまりAは自分が（赤・青）だ
>   とわかるはず」
> B「しかし、Aは2ターン目でも正解できなかった」
> B「これはつまり、私が（赤・赤）だとしたらという仮定が間違って
>   いたということだ。これは（青・青）だとしても同じこと」
> B「つまり私は、（赤・青）だ！」

こうしてBは「私の切手は（赤・青）だ」と答え、正解しました。

## 正解 ｜ Bの切手は「赤」「青」

**まとめ** 「自分が〜〜だと仮定したときに、あの人はきっと〜〜と仮定する。すると〜〜という答えを得るはずだ」。この「二重仮定」という複雑な論理的思考が、問題を解く鍵でした。まさに「心理戦」でしたね。論理的すぎて、個人的にとても好きな問題です。Cの思考を読んだAの思考を読むBとかもう、君たち漫画のキャラかよと。

なお私は、この問題を睡眠導入剤として活用していました。状況がシンプルで簡単に覚えられるので、この問題を寝る前に解いてみようとして頭をひねらせてみると……。2ターン目のAの発言を考えているあたりであまりの複雑さに脳が思考を放棄して、びっくりするくらい一瞬で眠りに落ちていました。寝不足に悩んでいる方にはおすすめの問題です。

### POINT

- 「もしこうなら、あの人はこう考えるはず。その場合、別の人はこう考えるはず……」と、仮定の仮定まで考えるとわかる真実もある

# 言葉に表れていない真意に気づけるか?

**難易度 ★ ★ ★ ★ ☆**

思考の読み合いは、ここから加速していきます。次の問題にも「わからない」という発言が。**この言葉が意味することを見抜ける**でしょうか。

## チャーリーの誕生日

A, B, Cの3人がチャーリーに「誕生日はいつ?」と尋ねた。
チャーリーは下のメモにある候補のどれかだと告げた。

| | | |
|---|---|---|
| 1999年4月14日 | 2000年2月19日 | 2000年3月14日 |
| 2000年3月15日 | 2000年4月15日 | 2000年4月16日 |
| 2001年2月15日 | 2001年3月15日 | 2001年4月14日 |
| 2001年4月16日 | 2001年5月14日 | 2001年5月16日 |
| | 2001年5月17日 | 2002年2月17日 |

そしてチャーリーはAに正解の「月」を、Bに「日」を、
Cには「年」を伝えた。
そのことは、3人もお互いにわかっている。

A「私はわからないけど、Bもわかっていないよ」
B「そうだね。Cもわかっていないよ」
C「うん、わからない。でもAもまだわかっていないよ」
B「あ、わかった」
A「いま、全員がわかったね」

**チャーリーの誕生日はいつ?**

解説 14 〜 15歳向けの数学の問題として2015年に登場した「シェリルの誕生日」という超有名な問題がありました。「難しすぎる」と世界中で評判になった話題作ですが、こちらの「チャーリーの誕生日」は、その進化版。発表したのは、米国最高峰の頭脳が集まるNSA（米国国家安全保障局）です。シンプルに見える状況ですが、さまざまな多面的思考が必要になります。

## 「Bはわからない」と、わかっていたA

この問題、考え方自体はとてもシンプルです。

3人の会話の内容をふまえて、示された「14の候補」の中から正解を絞り込んでいくだけです。

しかし発言の内容は、「わからない」ばかり。よって、

**「わからない」という発言から、わかること。**

これを見抜いていく必要があります。

では、一人ひとりの発言から何がわかるのか、考えていきましょう。

"A「私はわからないけど、Bもわかっていないよ」"

14の候補のなかで、1つしかない日付があります。

それは「19日」です。もし正解が「19日」なら、Bは正解の日付を聞いた瞬間、即座に「2000年2月19日」が正解だとわかります。

しかし、正解の「月」を知るAは「Bもわからない」と言ってのけた。「日付だけで特定できる可能性がない」と知っていたからです。

「19日」が答えになりようがない、つまり、

**「2月」が正解ではないと知っていたということです。**

よって、正解の月は「２月」ではないことが判明します。

候補の中から「２月」を含む選択肢が３つ消えました。

## Bが「わかった」と言わなかったからわかったこと

現在の候補：

| | | |
|---|---|---|
| 1999年４月14日 | ~~2000年２月19日~~ | 2000年３月14日 |
| 2000年３月15日 | 2000年４月15日 | 2000年４月16日 |
| ~~2001年２月15日~~ | 2001年３月15日 | 2001年４月14日 |
| 2001年４月16日 | 2001年５月14日 | 2001年５月16日 |
| 2001年５月17日 | ~~2002年２月17日~~ | |

次に、Bの発言を考えてみましょう。

"B「そうだね。Cもわかっていないよ」"

なんの変哲もないこの発言が、本問における難関となります。

発言の内容を考える前に、見落としてはいけないポイントがあります。

それは、Bが「そうだね」と言っているということです。

BはAに「あなたにもわからない」と言われたことで、「２月」が選択肢から消えたことに気づいているはずです。

それでも、答えを特定できませんでした。

つまり、**現状の選択肢においても「日付だけで特定できる日」**は、正解ではないということです。

残っている候補のなかで「17日」は１つしか登場していないため、もし正解が「17日」なら、BはAの発言を聞いて正解を特定できます。

それができなかったということは、候補から「17日」が消えます。

# 「Ｃはわからない」と、わかっていたＢ

現在の候補：

| | | |
|---|---|---|
| 1999年4月14日 | ~~2000年2月19日~~ | 2000年3月14日 |
| 2000年3月15日 | 2000年4月15日 | 2000年4月16日 |
| ~~2001年2月15日~~ | 2001年3月15日 | 2001年4月14日 |
| 2001年4月16日 | 2001年5月14日 | 2001年5月16日 |
| ~~2001年5月17日~~ | ~~2002年2月17日~~ | |

では、もう一度Bの発言に戻りましょう。

*B「そうだね。Cもわかっていないよ」*

Bは、「Cにはわからない」とわかっていた。
この発言の考え方は、最初に考察したAの発言と同じです。
候補のなかには、「年」がわかるだけで特定できる選択肢があります。
それは、14の候補のなかで1つしかない「1999年」。
つまり正解が「1999年」なら、Cはこの時点で正解がわかります。

しかしBは「Cにはわからない」と断言しました。
「年だけで特定できる可能性がない」と知っていたからです。
「1999年」が答えにはなりえない、つまり「14日」が正解ではないと、
知っていたのです。

よって、正解の日付は「14日」ではないことが判明します。
「14日」を含む選択肢が候補から除外されます。

## 「Ａはわからない」と、わかっていたＣ

現在の候補：

~~1999年4月14日~~　　~~2000年2月19日~~　　~~2000年3月14日~~

2000年3月15日　　2000年4月15日　　2000年4月16日

~~2001年2月15日~~　　2001年3月15日　　~~2001年4月14日~~

2001年4月16日　　~~2001年5月14日~~　　2001年5月16日

~~2001年5月17日~~　　~~2002年2月17日~~

次に、Ｃの発言を考えてみましょう。

"Ｃ「うん、わからない。でもＡもまだわかっていないよ」"

ここまでのＡとＢの発言により、候補は６つまで絞られました。

ですが、「年」だけで特定できるものはないため、Ｃにはまだ正解はわかりません。

一方で、「Ａもまだわからない」と発言しています。

これは、「Ａが正解の月を知っていても、まだ特定できない」と、Ｃが知っているということです。

月を知っているだけで特定できる選択肢は「５月」です。

もし正解が「５月」なら、Ａはこの時点で正解を特定できます。

しかしＣが「Ａもまだわからない」と断言したということは、答えが「５月である可能性はない」と知っているということです。

つまりＣは、正解の「年」が「2001年」ではないと知っていたのです。

よって、正解の年は「2001年」ではないことが判明します。

「2001年」を含む選択肢が候補から除外されます。

現在の候補：

~~1999年4月14日~~     ~~2000年2月19日~~     ~~2000年3月14日~~

2000年3月15日     2000年4月15日     2000年4月16日

~~2001年2月15日~~     ~~2001年3月15日~~     ~~2001年4月14日~~

~~2001年4月16日~~     ~~2001年5月14日~~     ~~2001年5月16日~~

~~2001年5月17日~~     ~~2002年2月17日~~

ここまでくれば、もう簡単です。
次の、Bの発言を見てみましょう。

"B「あ、わかった」"

候補が3つに絞られた段階で、「日」を知るBが正解を見抜きました。
つまり候補リストの中で「日」が1回のみ登場する日付が正解です。
以上より、チャーリーの誕生日は2000年4月16日です。

正解 ｜ ２０００年４月16日

まとめ 最初の考え方さえわかってしまえば、あとはその繰り返し。難
易度のわりに、考え方は意外とシンプルでした。ネックになるのは、最
初の「Bもわかっていない」と断定したAの発言です。ここで、「なぜ
Aには断定できたのか」を考えられるかどうかが、最大のポイントでし
た。「わからないことが、わかっている」ということから、わかることを
考える。その視点さえ得られたら、難しい問題ではなかったと思います。

POINT

● 発言の内容だけでなく、その発言の背景や、発言者の脳内にある情
　報にも着目すると、別のヒントが見えてくる

# 何手も先の思考を
# 読み取れるか？

難易度 ★ ★ ★ ★ ★

いよいよ本章も、難易度レベル5の問題です。正直ここからは、
**異次元の難しさ**です。思考をフル回転させて、食らいついていき
ましょう。

# ドラゴンの島

あなたは青の目をしたドラゴン100匹が生息する島を訪れた。
この島には不思議なルールがある。
『自分の目が青色だとわかったら、その日の夜に島を出る』
島に鏡はなく、ドラゴンたちは会話を禁じられている。
つまりドラゴンたちは自分の目の色を知らずに生きてきた。
もちろん、他のドラゴンの目が青色なのは知っている。
あなたは島を出るときに、
「この中に少なくとも1匹、青の目をしたドラゴンがいる」
とすべてのドラゴンに告げた。

少なくとも
一匹は青だよ！

さて、これから何が起こるだろうか？

なお、ドラゴンはきわめて論理的な生物である。
また、すべてのドラゴンは毎朝1回、広場に集合する。

……ん？　ちょっと意味がわからない問題です。ドラゴンたちは、「自分以外のすべてのドラゴンの目は青色である」と知っています。そこにあなたが「少なくとも1匹、青の目をしたドラゴンがいる」と告げたところで、何か変わるとでもいうのでしょうか。どのドラゴンも、「そんなことは知っている」と思うでしょう。つまりあなたの発言には、なんの意味もないように思えます。ですが、よく考えてみてください。「すべてのドラゴンは、自分の目の色がわかっていない」というのが大きなポイントです。

そしてお馴染みの、「ドラゴンはきわめて論理的な生物である」という条件。これまでの問題において「論理的」とは、「論理的に先を見通す力」のことでした。ということで、この問題も「先読み」が必要になりそうです。でも、100匹いるんだよな……。

まずは「単純」なパターンから考えてみる
ドラゴンが「2匹」しかいなかったら、どうなるか？

## ドラゴンが「1匹」なら？

「金貨の山分け」でもそうでしたが、基本的に、扱う数や情報が多いときは、まずは「単純化」して考えます。

この問題でやっかいなのは、どう考えても「100匹」という数です。

まずはこの数をグッと単純化して、「1匹」のときから考えてみましょう。

とはいえ1匹のとき、話は簡単です。

ドラゴンは即座に「目が青色なのは自分だ」と気づくので、1日目の夜に島を出ます。

## ドラゴンが「2匹」なら？

では、島にいるのが「ドラゴンA」「ドラゴンB」の2匹の場合ならど

うでしょう。

2匹のドラゴンは互いに、相手の目が青色だとわかっています。
そしていま「少なくとも1匹のドラゴンは青色の目である」と知らされました。
1日目、ドラゴンAは以下のように考えます。

「もし私の目が青色でないならば、ドラゴンBは自分の目が青色だと即座に気づくはず」
「ということは、ドラゴンBは今日の夜、島を出るだろう」

そして、ドラゴンBも同じように考えます。

ところが2日目、ドラゴンAとBは再び出会います。
お互いに「相手が島を出るはず」と思っていたため、驚きます。
そして、ドラゴンAはこう考えます。

「もし私の目が青色でないならば、ドラゴンBは昨日の夜に島を出ていたはず」
「でも、ドラゴンBは出なかった」
「つまり、私の目は青色なのだ」

そして、ドラゴンBも同じように考えます。
そのため2日目の夜、ドラゴンAとドラゴンBは同時に島を出ます。

## ドラゴンが「3匹」なら?

では、島にいるのが「ドラゴンA」「ドラゴンB」「ドラゴンC」の3匹の場合ならどうでしょう。
ここからが、少しややこしくなります。

3匹のドラゴンは互いに、他2匹の目が青色だとわかっています。

そしていま「少なくとも１匹のドラゴンは青色の目である」と知らされました。

　１日目、ドラゴンAは以下のように考えます。

> 「もし私の目が青色ではないなら、青目のドラゴンはBとCの２匹」
> 「BとCは、はじめは相手だけが青の目をしていると思い込むが、
> 　１日目の夜に相手が島を去らなかったのを見て、自分の目が青なの
> 　だと気づくだろう」
> 「つまり２日目の夜に、BとCは同時に島を去るはずだ」

　そして、ドラゴンBとCも同じように考えます。

　そのため２日目の朝、３匹は再び出会いますが、ここではまだ驚きはありません。

　ところが、全員が「自分以外の２匹が青い目をしている」と思っているため、２日目も誰も島を出ません。

　よって３日目、３匹は再び出会います。

　そして、ドラゴンAはこう考えます。

> 「もし私の目が青色でないならば、ドラゴンBとCは、１日目に相
> 手が島を出なかったのを知って、２日目の夜に島を出ていたはず」
> 「でも、ドラゴンBもCも島を出なかった」
> 「ということは"もし私の目が青色でないならば"という仮定が間
> 違っている」
> 「つまり、私の目は青色だ」

　そして、ドラゴンBとCも同じように考えます。

　そのため３日目の夜、ドラゴンA,B,Cの３匹は、同時に島を出ます。

# ドラゴンが「１００匹」なら？

　ドラゴンが４匹の場合も、それぞれのドラゴンは同じ思考をたどります。

　３日目まではとくに何も起こりません。

　４日目になってもドラゴンが全員残っていることに気づき、そこではじめて「自分の目も青色だった」と気づきます。

　ここまでの流れから法則を導くと、

## 「n匹のドラゴンはn日目の夜に島を出る」

　ということです。

　すなわち100匹のドラゴンは、99日目までは誰も自分の目が青色だと確定できません。

　しかし100日目にすべてのドラゴンが島に残っていることで、自分を含む100匹すべてが青色の目をしていると気づきます。

　その結果、100日目の夜に100匹すべてのドラゴンが島を出ます。

| 正解 | １００匹のドラゴンが<br>１００日目の夜に<br>同時に島を出る |
| --- | --- |

**まとめ** 意外すぎる結末でした。仮定に仮定を重ねて、100日先まで先読みしていく。まさに幾重にも視点を移動させて考える「多面的思考」が発揮される問題です。現実にはここまでの先読みができるとは思えませんが、そこはドラゴンという生物の為せる業だと考えましょう。

解くためには、複雑さを増大させている100匹という数を単純化して、小さいケースから考えていくのがコツでした。そして、どのケースにも当てはまる「法則」が導き出せたら、それを適用して正解を導く。どれ

だけ複雑で、途方もない状況にも惑わされない、論理的に考える力が身につきますね。

## Column 5　アビリーンのパラドックス

「集団」に関する興味深い話があります。ある8月の暑い日のこと。アメリカ合衆国テキサス州のとある町で、ある家族が団欒していました。すると家族の1人が、53マイル離れたアビリーンへの旅行を提案しました。誰もその旅行を望んでいませんでしたが、みな家族の他の人は旅行をしたがっているものと思い込み、誰もその提案に反対しませんでした。

道中は暑く、埃っぽく、往復で約4時間かけた車旅は快適なものではありませんでした。帰宅後、1人が「あまり楽しくなかったね」と本音を漏らしたのをきっかけに、次々に「自分だって行きたくはなかった」「みんなが行きたいと言ったから行ったのに」と、家族を責めはじめました。旅行が終わってはじめて、提案者を含めて、誰もアビリーンへ行きたくなかったという事実を知ったのです。

これは、ジョージ・ワシントン大学名誉教授、ジェリー・B・ハーヴェイの実体験だそうです。集団内のコミュニケーションが機能しない状況では、個々のメンバーが「自分の嗜好は集団の決定とは異なっている」と思いながらも、集団の決定に対して異を唱えないために、集団は誤った結論を導き出してしまう。ハーヴェイは自身の実体験から、この現象を「アビリーンのパラドックス」と名付けました。

会社の会議なんかでも、「誰も良いと思っていない案が最終的な結論になってしまう」ことって、ありますよね。でも私たちは、先ほどのドラゴンと違って会話ができます。「集団」という目に見えない存在に流されないことも、論理的な判断をするうえで大切なのだと思います。

# 推測不可能な状況を
# 切り抜けられるか？

難易度 ★★★★★

先ほどの問題では法則を見抜くことで遠い未来まで先読みでき
ました。では、つぎの「不可能」な状況の法則も見抜けるでしょ
うか？　究極的に難しい難問の登場です。

## 不可能な数字当て

AとBがゲームをおこなう。
それぞれ「連続する2つの数字（正の整数）」のうち、
どちらかの数字を与えられるが、相手の数字はわからない。
お互いにコミュニケーションもとれない。
ゲーム開始から1分経過するごとに鐘が鳴る。
鐘が鳴ったら、2人は「相手の数字を推測して答える」か、
「沈黙したまま待機する」の、どちらかの行動をとれる。

どちらかが「相手の数字」を宣言した時点で終了となる。
宣言できるのは1回のみで、間違えれば敗者となる。
確実に勝てる戦略があるのは、

### 数字が大きい方と小さい方の
### どちらだろう？

なお2人は、パーフェクトに論理的な思考をする。

…………え？　こんなの、わかるはずがないのでは？　そもそも勝てる方法が存在するとは思えません。どう考えても、ＡもＢも50％の確率に賭けて答えるしかないっぽいからです。

そしてここでも出てくる「２人は論理的な思考をする」という言葉。さらには「パーフェクトに」とあります。それだけ、本問が成立するにはハイレベルな論理的思考を要するということでしょう。

ちなみにこの問題の原題は "The Seemingly Impossible Guess The Number Logic Puzzle"「ぱっと見は不可能な数字当て論理パズル」……です。本章の終盤に相応しいですね。論理的な２人が、どう考えていくのか。順を追って考えるとわかりやすいかもしれません。

**ヒント1** １回目の鐘で決着がつく場合が存在する
**ヒント2** 「数字が大きい方」と「数字が小さい方」で考える

## どう考えても、運に賭けるしかないのでは？

すぐには状況をのみ込めない方もいるでしょう。

まずは、与えられている情報を整理しましょう。

"それぞれ「連続する２つの数字（正の整数）」のうち、どちらかの数字を与えられるが、相手の数字はわからない。"

"どちらかが「相手の数字」を宣言した時点で終了となる。
宣言できるのは１回のみで、間違えれば敗者となる。"

これはたとえば、Ａが20、Ｂが21の数字を与えられたとして、相手の数字を当てるという意味です。

しかし２人は、相手の数字が「自分の数字－１」か「自分の数字＋１」ということしかわかりません。

つまり、

そして、宣言を間違えたら、敗者となります。

……。
やっぱり「確実に勝てる戦略」なんて、ないのでは？

## 勝敗が一瞬で決まる「唯一の状況」

いえ、あきらめてはいけません。
ただ1つだけ、確実に勝てる場合があります。
相手の数字を断定できるシチュエーションがあるのです。
問題文には、こうあります。

"連続する2つの数字（正の整数）"

両隣の数が「正の整数」ではない数字が、1つだけあります。

### それは「1」です。

　もしAが与えられた数字が「1」なら、「0」は正の整数ではないため、AはBの数字が「2」であると瞬時に見抜けます。
　Aはゲーム開始1分後の鐘が鳴ると同時にBの数字が「2」であると宣言し、ゲームに勝利します。

## 「単純化」から出発する

　片方に与えられた数字が「1」である場合、その人は確実に勝てることがわかりました。

「いや、それはそうだろうけど、それが解答とどう関係するの？」

そう思った方も多いでしょう。

でも、結論を焦ってはいけません。

これは、ここまでに何度も登場した「単純化」の思考です。

**与えられる数字の可能性が無限にある以上、まずは「1」つずつ検証していくのです。**

ということで、2人に与えられた数字が「1」と「2」だった場合を考えました。

次に、**2人に与えられた数字が「2」と「3」だったら、どうなるでしょう。**

仮にAに「2」が、Bに「3」が与えられたとして考えてみます。

このときAは、「Bの数字は1と3のどちらか?」で悩みます。

このまま答えたら勝率50%の賭けになるので、Aは1回目の鐘が鳴っても沈黙を保ちます。

Bに与えられた数字が「1」であれば、先ほどお伝えしたようにBはAが「2」だと特定できるため、1回目の鐘で回答します。

ですが実際は「3」なので、Bも1回目の鐘では沈黙します。

1回目の鐘で回答しなかったBを見て、Aはこう考えます。

「もしBの数字が1なら、こちらの数字は2だと確定できるから、1回目の鐘が鳴ったときに答えるはず」
「しかし、ゲームは続行されている」
「ということは、Bは1ではない」

これに気づいたAは、2回目の鐘が鳴ったときに「Bの数字は3である」と言い当てることが可能になります。

# 「単純」をしだいに「複雑」にしていく

> 2人に与えられた数字が「2」と「3」のとき、「2」を与えられた側は「2」回目の鐘が鳴ったときに、「相手の数字は3だ」と宣言すれば勝てる。

ということが、わかりました。
なんとなく法則が見えてきそうです。

次に、2人の数字が「3」と「4」だった場合を考えてみましょう。
仮にAに「3」が、Bに「4」が与えられたとして、考えてみます。

このときAは、「Bの数字は2と4のどちらか？」で悩みます。
そして、こう考えます。

> 「もしBの数字が2なら、Bは私（A）の数字が1か3かで悩んでいる」
> 「ということは、1回目の鐘で私が解答しない場合、Bは私の数字が1ではなく3だと確信し、自分の数字が2だと確定できる」
> 「つまり、Bは2回目の鐘で解答を宣言するはずだ」

　Aは自分の数字が確定できないため、1回目の鐘も2回目の鐘も沈黙します。
　一方で、実際はBの数字は「4」なので、Bも自分の数字が確定できず、1回目の鐘も2回目の鐘も沈黙します。
　その姿を見て、Aはこう考えます。

> 「もしBの数字が2なら、1回目の鐘で私が沈黙したことで、自分の数字がわかるはず」
> 「しかし、2回目の鐘でも解答しなかった」
> 「ということは、Bは2ではない」

これに気づいたAは、3回目の鐘が鳴ったときに「Bの数字は4である」と言い当てることが可能になります。

# 「法則」を見抜いて一般化する

2人に与えられた数字が「3」と「4」のとき、「3」を与えられた側は「3」回目の鐘が鳴ったときに、「相手の数字は4だ」と宣言すれば勝てる。

ここまでの検証を経て、この問題の本質が見えてきました。

2人に与えられた数字が「$n$」と「$n+1$」のとき、小さい方の数字「$n$」を与えられた人は、「$n-1$」回目の鐘が鳴っても相手が解答しない場合は、相手の数字が「$n+1$」であると推測できる。
よって$n$回目の鐘で、相手の数字は「$n+1$」だと宣言すれば確実に勝てる。

ということがわかります。

相手も自分と同じ推測をしていることが前提になりますが、問題文には「2人はパーフェクトに論理的な思考をする」とあります。

そのため、小さい方の数字を与えられた人は、この戦略をとることで確実に勝利できます。

反対に、

**相手より大きい数字を与えられた人には必勝法がありません。**

# 正解 | 確実に勝つ戦略が存在するのは、数字が小さい方

**まとめ** はじめに与えられた数字によって、すでに勝敗が決している。人生は非情ですね（実際には、相手も自分と同じ推測をしていることが前提になるので、現実世界でこの状況になったとき、この方法で解答をするのは勇気がいりますが……）。

また、問題文にいきなり「鐘」が登場して困惑した人も多いでしょう。解答において何の役にも立たなそうな、ともすると存在する意味すらわからない「鐘」という要素の意味が、いまなら理解できます。解答の「タイミング」が決まっていることで、ひとつずつ可能性が消えていき、相手の数字を推測できる、というために必須だったのです。

考え方自体は「ドラゴンの島」と似ていたと思いますが、手がかりがまったくなく、まさに「不可能」に思えることがネックになる問題でした。相手と際限のない思考の読み合いをするときは、まずは「極端な場合」から想定するのがセオリーです。そして法則を導き出し、そこから、さまざまな場合に当てはめて検証してみます。この「あらゆる場合にも成立する法則」のことを、人は「論理」と呼ぶのだと思います。

## POINT

● 手がかりがまったくなく、運に賭けたくなるときも、「極端な場合」から考えて、そこから見抜いた「法則」を使って真実を導く

第5章 多面的思考

315

# 複雑な「読み合い」を 制することができるか？

難易度 ★ ★ ★ ★ ★ + ★ ★

ついに多面的思考の最終問題です。可愛らしいタイトル、いっけんシンプルな状況に油断せず、あらゆる論理的思考を駆使して挑みましょう。

## 1000枚のクッキー

1000枚のクッキーを、A, B, Cの3人がAから順に取っていく。
毎回1枚以上のクッキーを取り、なくなるまで繰り返す。
ただし3人には、以下の本能がある。
①『3人ともできるだけ多くのクッキーを取りたいが、
「最大枚数」「最小枚数」「他人と同じ枚数」にはなりたくない』
②『自分が①を満たせないと確信したら、
なりふりかまわずできるだけ多くクッキーを取ろうとする』

3人はきわめて合理的であり、
コミュニケーションはとれないが、誰が何枚取ったかはわかる。
Aが勝つにはいくつクッキーを取ればいい？
またその場合のB, Cのクッキーの取り分は
どうなる？

この問題、要するにみんな「3人のなかで2番目に多くクッキーを取った人」になりたいということです。「ずいぶん可愛らしい問題だなあ」と侮ってはいけません。単純なルールに基づいておこなわれる行動ですが、選択肢はかなり膨大です。さらに少し考えてみると、「それが無理なら、できるだけ多く取ろうとする」という本能が、きわめて邪悪な難易度へと導いていることに気づくでしょう。

最初に言っておきますが、超難しいです。そして、かなり根性がいります。ですがその分、解答がわかったときの爽快感と成長実感はとてつもないものがあります。単純そうに見えるこのゲームの戦略と、そこから生じる複雑な結果を、あなたは見抜けるでしょうか。

**ヒント1** まずは「極端な数字」や「特徴的な数字」から考えてみる
**ヒント2** 「同着で2位」ではいけない
**ヒント3** 1巡目で勝負がつく


## 「2位」じゃないとダメなんです

まずは、問題が意味している内容をおさらいしましょう。

"3人ともできるだけ多くのクッキーを取りたいが、「最大枚数」「最小枚数」「他人と同じ枚数」にはなりたくない。"

つまり3人がそれぞれ目指しているのは1位ではなく、

**<u>たった1人の2位になる</u>（その上で可能な限り多くのクッキーを取る）**

ことが最重要の使命なのです。
同着で2位でもいけません。
そのため、たとえば、

A：2枚（2位）
B：1枚（3位）
C：997枚（1位）

という最終結果なら、Aだけが目的を達成したことになります。
全員が「唯一の2位」を目指しているのです。

## 「 2 位 」 に な れ な い な ら 、 全 部 取 る

ここで話をややこしくしているのが、2つ目の本能です。

"自分が①を満たせないと確信したら、なりふりかまわずできるだけ
多くクッキーを取ろうとする。"

「どうやっても自分が2位になれない」と理解した人は、その時点で確
保できるクッキーをすべて取ります。
　勝ち目がないなら一矢報いる、素晴らしい闘争本能です。

「1位になれない」と感じる瞬間は、想像がつきます。
　ですが、「2位になれない」と察する瞬間など、存在するのでしょう
か？

## 「 極 端 な 数 字 」 か ら 考 え て い こ う

では、解答を考えていきましょう。
　とはいえ1000枚のクッキーの分割パターンを逐一調べていては、時
間がかかりすぎます。

　こういうときは、「極大の数字」「極小の数字」「境界線付近の数字」
から考えていきます。
　まずは「極大の数字」である、「Aが1000枚のクッキーを取った場合」

を考えてみましょう。

　この場合の内訳は、こうなります。

A：1000
B：0
C：0

「自分よりクッキーの数が多い人」がいないので、Aは2位にはなれません。

　よってAにとって、この選択肢はありえません。

　……そりゃそうですよね。

　でも、いいのです。

　選択肢を1つでも消せたことに、大いに意味がありますので。

## 「1枚だけ」取ったらどうなる？

　では次に、「極小の数字」である「Aが1枚だけクッキーを取った場合」を考えてみましょう。

　このとき、Bは2枚以上のクッキーを取るわけにはいきません。

　なぜなら1位になってしまうからです。

　もし仮に、Bが2枚以上取り、次のCが1枚だけ取ったとしたら。

　以降、AとCは1枚だけ取り続け、Bは1位の座をつかまされてしまいます。

　よって最初にAが1枚だけ取った場合、Bも1枚だけ取ります。

　次のCも、2枚以上のクッキーを取るわけにはいきません。

　なぜなら先ほどのB同様に、結果的に1位になってしまうからです。

　そこでCも、1枚だけクッキーを取ります。

```
A：1          A：1          A：1
B：           B：1          B：1
C：           C：           C：1
残り：999      残り：998      残り：997
```

そしてAにターンが戻りますが、全員1枚しか取れない（前の人より多く取ったら1位になってしまう）ため、最終局面では以下のような内訳になります。

```
A：333
B：333
C：333
残り：1
```

次はAのターンですが、問題のルールにはこうあります。

*"毎回1枚以上のクッキーを取り"*

そのためAは最後の1枚を取り、合計クッキー数が1位になってしまいます。
「2位になれなかった」ため敗北です。

当然Aには、この結末が予想できるため、「最初にクッキーを1枚だけ取る」という選択肢も、Aにとってはありえません。

## 「333枚」が、怪しい……

「極大の数字」と「極小の数字」を検証しました。
次は、「境界線付近の数字」を検証してみましょう。

1000を3で割ると333.333……です。

「このあたりに問題のポイントがある」と見抜いて、333付近の数字を調べることからスタートした人も多かったと思います。

では、まずは「333枚のクッキーを取った場合」を考えてみましょう。

この場合の内訳は、こうなります。

A：333
B：
C：
残り：667

このとき、次にクッキーを取るBの選択肢を単純化すると、以下になります。

Aより多く取る＝「334枚以上のクッキーを取る」
Aと同じ枚数取る＝「333枚のクッキーを取る」
Aより少なく取る＝「332枚以下のクッキーを取る」

では、それぞれの場合を考えてみましょう。

## A「333枚」→B「334枚以上」の場合

Bが334枚以上のクッキーを取った場合、残りは333枚以下になります。

そして次に順番が回ってきたCは、どうやっても 2 位にはなれません。

そのため、本能②が発動して、残りのクッキーをすべて取ります。

つまり、Bは 1 位になってしまいます。
それが予期できるため、**Bがこの選択をすることはありません。**

## A「333枚」→ B「333枚」の場合

次に、Bが333枚のクッキーを取った場合。
残りのクッキーは334枚です。

Cは334枚取ってしまうと1位になるため、その選択はしません。

そしてCが333枚取ると、残り1枚をAが取ることになり、BとCは333枚で同着になります。
「たった1人の2位」にはなれないため、Cはこの選択もしません。

Cにとって可能性がありそうなのは332枚（Aより1枚少ない）を取ることですが、その場合、残り2枚の状態でAに順番が回ります。
その時点で、Aは自分が2位になれないことがわかるため、本能②が発動して残り2枚ともを取ります。
その結果、Bが2位（勝者）になってしまいます。
Cはこれをあらかじめ見抜くため、この選択もしません。

では、Cが331枚以下を取った場合はどうなるか。
お互い333枚を持っているAとBは、互いに相手より多くならないようにと、1枚ずつ取ります。
ですがお互いに同じ枚数で終わるのを避けたいAとBは、最後はかならずどちらかが多い状態で終わります。
つまりAとBが1位と2位になり、Cは3位になります。
よって、Cはこの選択もしません。

つまりBが333枚のクッキーを取った時点で、Cは2位になる手段がなくなります。
これを悟ったCは、本能②により残りの334枚をすべて取ります。

結果、AとBは333枚で同着となります。
Bは「たった1人の2位」にはなれないため、Bは「333枚取る」と

322

いう選択はしません。

## A「333枚」→B「332枚以下」の場合

では、Bが332枚以下のクッキーを取った場合はどうか。

このとき、Cは332枚（Aより1枚少ない）のクッキーを取り、Cが2位（勝者）、あるいは勝者なしになってしまいます。

たとえば、Bが300枚のクッキーを取ったとします。

残りは367枚です

そしてCが332枚のクッキーを取り、残りは35枚に。

3人はかならず1枚はクッキーを取らなくてはならないため、Aがたとえ1枚ずつ取っていったとしても、2位をキープしたいCも1枚ずつしか取らないため、差は変わりません。

これを見抜いたAは、自分は2位にはなれないと悟り、本能②によって、残りの35枚をすべて取ります。

結果、Cが2位になり勝利します。

ここまでの検証結果をまとめると、Aが最初に333枚のクッキーを取った場合、Bは敗北もしくは同着2位にしかなれませんでした。

つまりAが333枚を選んだ時点で、Bは自身が勝てないと確信します。

そのためBは本能②によって残り667枚のクッキーすべてを取ります。

## Aが「勝てる枚数」が判明する

すると、最終的な内訳はこのようになります。

A：333
B：667
C：0

**Aは333枚のクッキーを取ることで目的をはたせました。**

ですが、これではまだ回答としては不十分です。

Aには「できるだけ多くのクッキーを取りたい」本能があるため、「333枚」が勝利を可能にする最大値かどうかを検証する必要があります。

## Aが「335枚以上」取った場合

では次に、Aが335枚のクッキーを取った場合を考えてみましょう。

あえて「334枚」を飛ばしたことで、なんとなく答えが予想できそうですが、そこに至るためにも重要な過程なので、お付き合いください。

この場合、当然、1位にも3位にもなりたくないBは、Aより1枚少ない、334枚のクッキーを取ります。

そうすると、Cには331枚しか残りません。

Cは「2位になれない」と察し、本能②に従って残りの331枚をすべて取ります。

ここで3人のクッキーの内訳を見ると

A：335
B：334
C：331

となり、2位のBが勝者となります。

つまりAは335枚のクッキーを取ると敗北するわけです。

さらに重要なことに、Aが335枚より多いクッキーを取っても、同じ流れを辿ります。

なぜならBは、つねにAより1枚少ないクッキーを取ればいいからです。

つまりAは、

**335枚より多いクッキーを取っても敗北します。**

## Aは「334枚」取ればいい

「Aが取るべき枚数は、333枚以下でも、335枚以上でもない。ということは、334枚が正解だ！」

そう、そのとおりです。
ですが、問題で問われていることは、もうひとつあります。
「Aが2位になった場合の、BとCの取り分」です。
さあ、問題はまだまだ続きます。
あきらめずに考えていきましょう。

なお、話が複雑になるのはここからです。

## A「334枚」→B「333枚」の場合

Aが最初に「334枚」のクッキーを取った場合、次に取るBは何枚のクッキーを取るか、ひとつずつ検証してみましょう。

まずは、Bが「Aを1位にして自分は2位になろう」として「333枚」のクッキーを取った場合を考えてみましょう。

次のCに残されたクッキーは333枚ですが、この時点で、Cが「たった1人の2位」になる可能性は残っていません。
よって、「2位にはなれない」と察したCは、本能②に従って残りの333枚をすべて取ります。

上記の経過と結果は以下のとおりです。

```
A：334              A：334
B：333              B：333
C：        ➡       C：333
残り：333
```

BとCは同着2位となり、「たった1人の2位」にはなれませんでした。

つまり、Aが「334枚」を取ったとき、Bは「333枚」のクッキーを取ると、目的を果たせません。

## A「334枚」→B「334枚以上」の場合

次に、Aが「334枚」取ったとき、Bが「334枚」「335枚以上」のクッキーを取った場合も見てみましょう。

```
A：334              A：334
B：334              B：335
C：332              C：331
```

Bは「334枚」取ったとしても、「335枚」取ったとしても、2位にはなれません。

つまり、Aが「334枚」を取ったとき、Bは「334枚以上」のクッキーを取ると敗北します。

## A「334枚」→B「332枚以下」の場合

では、Aが「334枚」取り、Bが「332枚」のクッキーを取ったとしましょう。

このとき、Cは333枚のクッキーを取ることで2位になります。

そして、Aが残りの1枚を取ります。

| | | |
|---|---|---|
| A：334 | A：334 | A：334＋1（1位） |
| B：332 | B：332 | B：332（3位） |
| C：？ | C：333 | C：333（2位） |
| 残り：334 | 残り：1 | |

つまり、Bが332枚のクッキーを取ると、Cが2位（勝者）になってしまいます。

そしてこれは、Bの取る枚数が332枚未満でも同じことが言えます。

Bが332枚未満のクッキーを取るとき、Cはかならず333枚のクッキーを取ります。

A：334（1位）
B：332枚未満の枚数（3位）
C：333（2位）
残り：（333−Bが取った枚数）

Cは「Aより1枚少なく」「Bより何枚か多い」クッキーを確保することになり、必然的にCが2位（勝者）となります。

結論として、Aが「334枚」を取ったとき、Bは「332枚以下」のクッキーを取ると敗北します。

## 「万事休す」のB

ここまでの検証をまとめると、Aが「334枚」取ったとき、Bはこうなります。

- クッキーを333枚取ると敗北する
- クッキーを334枚以上取ると敗北する
- クッキーを332枚以下取ると敗北する

なるほど。万事休すです。

そのため、どうやっても2位にはなれないと悟ったBは、本能②に従って、残るすべてのクッキー（666枚）を取ります。

　そして、最終的な内訳はこうなります。

A：334枚（2位）
B：666枚（1位）
C：0枚（3位）

| 正解 | Ａは最初に「３３４枚」取れば、確実に２位になれる。その際、Ｂの取り分は「６６６枚」Ｃの取り分は「０枚」 |
| --- | --- |

**まとめ** シンプルに見えてかなり難易度の高いミッションでしたが、そんな不可能をも可能にする方法も、論理の力で導き出せました。思考を先読みすることで、最初の1手によって、他者を思いどおりに動かすことができましたね。

この問題も、発表元はNSA（米国国家安全保障局）です。さすがは世界の最高峰知能集団、シンプルながら奥深い問題でした。しかも解説を見ると、「場合分け」「抽象化」「単純化」「仮定」「仮定における仮定」そして「先読み」と、多面的思考のみならず、これまでに実践したあらゆる思考が登場しています。まさに究極の論理的思考を要する問題と言って、過言ではありません。

## POINT

● 数々の論理的思考を組み合わせて地道に考えることで、不可能に思える問題も、きっと解決へと導くことができる

第 6 章

すべての
はじまりに
なった問題

最後に紹介する問題は、論理的思考問題のなかでも
「圧倒的に難しい」と言われているものです。
もはや、常人の知能では解けないほどに難解です。
ですが、そんな難しい問題だからこそ、
あざやかに謎が解けていく過程はまさにミステリー小説のよう。
真実を見つけたとき、とんでもない爽快感が訪れることでしょう。

そしてこの問題は、
**私がいちばん感動した「論理的思考問題」**
でもあります。
浪人時代、この問題に出会った私は、衝撃を受けました。

もちろん、私もはじめは解けませんでした。
ですが、絶対に解けないと思っていた難問が、
目の前にある情報や論理的な発想だけで解ける。
その衝撃は、私の心を強く打ちました。

そして、こう思いました。

# 「論理って、おもしろい!!」

そこから、私の「新たな論理的思考問題を探す旅」が
はじまりました。
10年以上たったいまでも、この初期衝動は私のなかに残り、
心を強くつかんで離しません。
そんな感動を、
本書の最後にみなさんにも体感してもらえたら嬉しいです。

**最高の知的エンターテインメント**を、ぜひお楽しみください。

# すべての論理的思考を
# 総動員できるか?

難易度 ★ ★ ★ ★ ★ + ★ ★ ★ ★ ★

---

# 石像の部屋

とある23人が、ある館に閉じ込められた。
この館には「石像の部屋」がある。
そこには石像が置いてあり、東西南北のいずれかを向いている。
23人はそれぞれ個室に閉じ込められ、互いに連絡を取れない。
悪魔は23人のうち1人を選んで、石像の部屋に呼び出す。
呼び出される人とタイミングはランダムで、
同じ人が連続して呼び出されることもある。
どの人も十分な時間を待てばかならず呼び出されるが、
「十分な時間」がどれほどかはわからない。
また、誰がいつ選ばれたかを、他の人は知ることができない。

部屋に呼び出された人は、以下のどれかをかならず実行する。
①石像を左に90度回転させる
②石像を右に90度回転させる
③石像を壊す

石像を回転させた場合、その人は個室に戻される。
そして次の人が部屋に呼び出され、また①〜③いずれかの操作をする。
石像を壊した場合、石像の部屋に一度でも入った全員が解放される。
**確実に全員が解放されるには、**
**どんな戦略が必要か?**

なお23人は、ルールを知った上で開始前に戦略を練ることができる。
そして、23人は石像の最初の向きを知らない。

**解説** 問題文の長さ、状況の複雑さからして、ただものではありません。ですが必要なのは、ヒラメキと思考能力のみ。

この難問に自力で挑戦したいという猛者のために、ヒントも多数お伝えします。とてもエレガントな解答が存在するので、ぜひ時間を使って考えてみてください。解けたとき、あるいは解答を知ったとき、きっと爽快感が満ちあふれるはずです。

**ヒント1** 石像の「向き」は4種類だが、石像の「動き方」はもっと少ない

**ヒント2** 23人は「石像破壊役」の1人と、「それ以外」の22人で役割分担をする

**ヒント3** 「石像の状態」は2通りに集約でき、それによって伝えられる情報も2通りのみである

**ヒント4** 「石像破壊役」の人は、石像の部屋で何かをカウントしていく

**ヒント5** 「石像破壊役」の人は、カウントが「ある回数」に達したとき、石像を破壊する

**ヒント6** 複数回、石像の部屋に入る人がいる一方で、場合によっては1回しか入れない人もいる

# 23人が解放されるには

まずはこの複雑すぎる状況を、ひとつずつ確認していきましょう。

23人の目的は23人全員が解放されることです。

そのためには、**「石像の部屋に23人全員が入ったことがある」**と確信した時点で石像を破壊しなければなりません。

では、その目的達成に立ちはだかる壁はなんなのでしょう。

そこで、23人がおかれた状況について見ていきます。

"23人はそれぞれ個室に閉じ込められており、互いに連絡を取れない。
悪魔は23人のうち1人を選んで、石像の部屋に呼び出す。
誰がいつ選ばれたかを、他の人は知ることができない。

23人は、ルールを知った上で開始前に戦略を練ることができる。"

　解放されるには「自分は石像の部屋に入ったことがある」と他の人に伝えなければいけませんが、開始すると23人は互いに連絡が取れません。
　情報を伝達できる場所はただひとつ。
　**石像の部屋**です。

## 石像の部屋の特徴

　では「石像の部屋」には、どんな特徴があるのでしょう。

　"「石像の部屋」には石像が置いてあり、東西南北のいずれかを向いている。
　部屋に呼び出された人は、以下のどれかをかならず実行する。
　①石像を左に90度回転させる
　②石像を右に90度回転させる
　③石像を壊す"

　23人は、東西南北いずれかに向いている石像を**「90度回転させる」**か**「破壊する」のどちらかをかならず実行する**必要があります。
　これによって、何とか他の人に情報を伝えられそうな気がします。

## 「呼び出し」の特徴

　最後に、いちばんやっかいな「呼び出し」の仕組みについて。

　"呼び出される人とタイミングは完全にランダムで、同じ人が連続して呼び出されることもある。
　どの人も十分な時間を待てばかならず呼び出されるが、「十分な時間」がどれほどかはわからない。"

どの人も、十分な時間が過ぎれば確実に石像の部屋に入れます。

ならば「1ヶ月くらい待って石像を破壊すればいいのではないか？」と思うかもしれません。

しかし、**1ヶ月の間で呼び出された人は4人だけ**、という事態もありえます。

つまり時間経過で判断するのではなく、石像の部屋での行動で、確実に23人全員がこの部屋に入ったことがあると判断しなければなりません。

## いちばんはじめに決めること

さて、前提の確認ができたところで、一緒に考えていきましょう。

まず考えたいのが、**誰が石像を破壊するか**です。

23人が断絶されているので、これを事前に決めておかないと「自分が壊していいのだろうか」と迷い、誰も最終決定できなくなります。

全体の状況を俯瞰して把握し、決断をする人が必要なのです。

そこで23人を**「1人の石像破壊役」**と**「その他の22人」**に分けます。「その他の22人」の役割は「私は石像の部屋に入った」と伝えること。

そして「石像破壊役の1人」は、石像の部屋に入った人数を確認して、全員が入ったと確信したところで石像を破壊します。

## 石像を使ってメッセージを伝える方法

では、22人はどうやって、「自分は石像の部屋に入った」と伝えればいいのでしょう。

使えるのは、「石像の部屋」に置かれた石像のみ。

石像の方角は「東西南北」の4つですが、部屋に入った人ができるのは「右か左に90度回転させる」ことだけです。

つまり他の人に情報を伝えるには、

**この行動に意味を持たせなくてはいけません。**

　そこで、石像の向きを「東西南北」で考えるのではなく、**2種類に分けて考えてみます。**
　たとえば、石像の状態を「ON/OFF」の2つに分けます。
　図にするとこんな感じです。

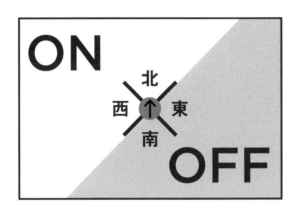

　こうすることで、部屋に入った人は1回の石像の操作で

「ON/OFFを切り替える」
「ON/OFFを切り替えない」

　がおこなえる、ということです。

　たとえば石像が北を向いているとき、「ONのままにする」なら石像を西に、「OFFに切り替える」なら石像を東に向ければいいわけです。
　これで、**石像の向きを変えるという行為に「意味」が生まれました。**

　ちなみに、なぜ方角の意味を「2種類」に分けるのか。
　「4つの方角それぞれに意味を持たせれば?」と思った人もいるかもしれません。

ですが、たとえば先ほどの図のように石像が「北」を向いていると
き、**一気に「南」の向きに変えることはできません。**
「南」の方角に意味を持たせていたとしても、示すことができないので
す。
　だから、石像の左右のみ、2種類の意味を持たせるのです。

## 22人がやるべきこと

　石像の状態「ON」は「誰かが新たにこの部屋に入って石像を動かし
た」というメッセージを意味すると、事前に全員で共有しておきます。
　そして「破壊役」以外の22人は、はじめて石像の部屋に入ったとき、
石像の状態が「OFF」なら「ON」に切り替えます。
　**これが、「誰かが新たに石像の部屋に入った」のメッセージになります。**

　そして、自分が部屋に入ったときすでに石像が「ON」の状態ならば、
石像の状態を「ON」のままで保持します。
　石像が北（ON）を向いていたら、西向きに移動させる（ONのままにす
る）、ということですね。
「誰かがOFFからONに切り替えた」というメッセージを残しておくた
めです。
　そして、一度OFFからONに切り替えた人は、次にまた石像がOFFに
なっていても、OFFのままにしておきます。

　これらのメッセージを受け取るのが、「石像破壊役」の人です。
　石像破壊役の人が部屋に入ったとき、石像が「ON」なら、「自分よ
り前に、誰かがこの部屋を訪れて新たにOFFからONに切り替えた」こ
とがわかります。
　破壊役の人は、この**「石像がONになっていた回数」をカウントして
いきます。**
　そして、石像をOFFにリセットして部屋を出て、再び石像が「ON」
の状態になるのを待ちます。
　これを繰り返して、最終的に破壊役が「すべての人が確実に石像の部

屋を訪れた」と判断できた時点で、石像を破壊します。

## 石像は最初、どこを向いていた？

23人の戦略をまとめると、こうなります。

- 破壊役以外の22人は、部屋に入ったときに石像が「OFF」だったら、「ON」に切り替える
- すでに石像が「ON」であった場合は、「ON」のままにしておく
- たとえ「OFF」であっても、過去に自分が石像を「ON」に切り替えたことがある場合は、「OFF」のままにしておく
- 破壊役の人は、石像が「OFF」ならば「OFF」のままにし、「ON」ならば「OFF」に戻す
- 破壊役は石像が「ON」になっていた回数をカウントし、22回目のときに石像を破壊する

22人が「この部屋に来たことがある」と伝えたら、石像を破壊する。
この手順を実行することで、23人は館から脱出できそうです。

……が、**じつはこれだけでは不十分**です。
ここに、本問最大の落とし穴が隠れています。

じつは、私たちがひとつだけ見落とした要素があります。
それは、

### 石像の初期状態です。

思い出してください。
23人は、**開始時に石像がどの方向を向いているかがわかりません。**

　石像の初期状態が「OFF」の方向（南か東）を向いていた場合は、上記の戦略でカウントが22回になったときに石像を破壊すれば23人が解

放されます。

　しかし、**もし石像の初期状態が「ON」の方向（北か西）を向いていたら。**

　いちばん最初に部屋に入った人は、「すでに誰かが石像をONにした」と思い込み、ONの状態を維持します。

　その後、他の人も同じ判断をします。

　そして破壊役の人が最初に部屋を訪れた際、「自分より前に誰かが石像をONにした」と勘違いして、**1人分をカウントしてしまいます。**

　22人のうち、まだ誰も石像を「OFF」から「ON」にしていないのにです。

　すると、どうなるのか。

　まだ誰か一人が石像の部屋に入っていない状態で、カウントが22回に達してしまう可能性があります。

　そこで石像を破壊してしまうと、脱出できるのは22人のみになります。

　ならば、1人分を余分にカウントしてしまう可能性を考慮して、カウントが23回になったときに石像を破壊するのはどうでしょう？

　ですが、これも通用しません。

　もし石像の初期状態が「OFF」だった場合、**23回目の「ON」は永遠にやってこない**からです。

　「石像の初期方向が不明」という制約が、ここで立ちはだかりました。

## 石像の初期状態に左右されない方法

　石像の初期状態がOFFであろうがONであろうが、「破壊役以外の22人全員が確実に石像をOFFからONに切り替えた」と決定づける。

　そんな方法が、ひとつだけあります。

　全員が1周する際に1人漏れる可能性があるなら、**全員が2周すれば**

いいのです。

つまり「ON」から「OFF」への切り替えを、

## 2回繰り返せばいいのです。

破壊役の人は、**石像が「ON」になっていた回数のカウントが44回になった時点で石像を破壊するようにします。**

これなら、石像の初期状態に左右されず、全員の解放が可能になります。

それぞれの場合を考えていきましょう。

まず、石像の初期状態が「OFF」だった場合。

破壊役以外の22人が2回ずつ石像をOFFからONに切り替えます。

これにより、「ON」のカウントが44回になった時点で、破壊役以外の22人全員が石像の部屋に入ったことが確実になります。

では、石像の初期状態が「ON」だった場合。

破壊役は、まだ誰も石像を「OFF」から「ON」にしていないにもかかわらず、「ON」の回数を1カウントしてしまいます。

よって、破壊役以外の22人のうち、21人が石像を2回ずつ「OFF」から「ON」に切り替え、残りの1人はまだ1回しか切り替えていない段階で、「ON」のカウントが44回になります。

破壊役はこの時点で石像を破壊してしまいます。

ですが、まだ1回しか石像を「OFF」から「ON」に切り替えていない1人も、1回は石像の部屋を訪れているため、全員が石像の部屋に入ったことは確定します。

> ● **破壊役以外の22人は、石像を「OFF」から「ON」にする操作を2回までおこなう**

　この戦略をとることで、石像の初期状態にかかわらず、23人全員が
脱出できます。

---

**正解**

石像の向きを2種類に分割し、
東と南を「OFF」、北と西を「ON」とする。
石像の「破壊役」1人と、
「その他」の22人に分かれる。

破壊役以外の22人は、石像の部屋に入ったとき、
次の行動をおこなう。
・石像の状態がONなら、そのままにする
・石像の状態がOFFならONにする（2回まで）
・OFFからONの切り替えを2回おこなったあとは、
石像の状態がONとOFFのどちらであっても
そのままにする

そして石像破壊役の人は、
石像の部屋に入ったとき、次の行動を行う。
・石像の状態がONなら、
その累計回数をカウントし、石像をOFFにする
・石像の状態がOFFなら、そのままにする
・石像の状態がONであった回数が
44回目になったときに、石像を破壊する

これで、23人は全員解放される。

---

**まとめ** この問題を本書に収録する作業をしていて、気づいたことがあ

ります。それは、「論理的思考問題」で必要となる、すべての思考が求められるということです。

23人が個別に考えるのではなく、石像の「破壊役」を決めるという方法を思いつくには「水平思考」が。石像の向きを「ON/OFF」に分け、スイッチとして使う方法を思いつくには「多面的思考」が。一度見つけた解決策を「これでいいのだろうか」と疑い、石像の初期状態に目を向けるには「批判思考」が。石像の変化をとおして、自分以外の22人の動きを察するには「俯瞰思考」が。そして、これらの手段や視点を組み合わせ、確実に正解できる筋道を立てるには「論理的思考」が、それぞれ必要です。

こじつけのように思われるかもしれませんが、私はそう感じました。この問題にはじめて出会った私が心を打たれたのも、そこにいくつもの思考や視点が含まれていて、その奥深さを感じたからなのかもしれません。

POINT

- あらゆる思考を掛け合わすことで、どんな難問にも立ち向かえる
- 論理的思考問題は、やっぱり面白い

# 論理的思考問題が教えてくれた、「本当に大切なこと」

　ここまでお疲れ様でした。きっと、わからない問題だらけだったと思います（私もそうでした）。でも自力で解けるかどうかはあまり重要ではありません。解説を読んで考え方を理解して、何度も解き直し、解説を見ずに解けるようになることで、その「思考回路」が頭のなかに構築されます。ぜひ、何度も読み返していただけると嬉しいです。

　さて、本書の最後に、本編ではお伝えできなかった大切な話をみなさんにお伝えしたいと思います。**私が論理的思考問題と出会ったことで手に入れた「6つ目の能力」**についてです。

　28歳の冬。新卒で入った会社を6ヶ月で辞め、それから数年、ニートという人生の冬を過ごしていた私は、かつて感動した「石像の部屋」を思い出したのをきっかけに、ひたすら論理的思考問題を探し漁っていました。

　そんなとき、とある問題に出会いました。それは「チェス盤の部屋」。恐ろしい難易度で、日本ではまだ解法が広まっていませんでした。

「面白すぎる」「ぜひ日本の人にも知ってほしい」

　その一念から、私は解法が書いてある（と思われる）英語の記事を翻訳していきました。しかし、何しろ歴代最強クラスの難易度。全文を訳してみても意味がわかりません。なぜこれで解けるのかさっぱりです。

「うーん。こういうこと……か？」

「たぶんそうだ。そう信じよう」

「これ、それなりに高度な数学知識が必要そうだ」

「でも専門用語を使ったら一般の人に伝わらない……どうしよう？」

　事前知識なしでも、問題の面白さと解法のエレガントさが伝わるよう、自分なりに解説を書き、内容をブログに載せました。

　約2万文字。作成にかけた時間は1週間。ニートでやることがなかったので、文字通り「まる1週間」かかっています。

　これが、私がブログで論理的思考問題を紹介した最初の記事になりました。おかげさまでそれなりに好評を博し、ブログは評判になりました。ちなみにその記事は、右にあるQRコードからご覧いただけます。

## 振り返ると身についていた「ある力」

　ニートの特性を活かし、すべての時間を費やして記事作成に取り組んだ私は、終わってみると、不思議な力を得ていたことに気づきました。

### それは、「あきらめない力」です。

　それまでの私は、何事からも逃げてばかりの人生でした。

　新卒で入った会社を6ヶ月で辞め、その後のアルバイトも4ヶ月で辞め、移住までしたのに3ヶ月で実家に逃げ帰りました。

　肉体労働は1日で頓挫して、給料ももらわずに逃亡しました。

　住み込みのリゾートバイトでも方々に迷惑をかけまくったあげく、1ヶ月で離脱した、正真正銘の給料泥棒でもありました。

　そんな私にとって、まる1週間かけてひとつの困難に立ち向かうなんて経験は、ほとんどはじめてでした。

この経験は、最初は「こんなの無理だよ……」と思ってしまうことでも、**「いったんやってみるか」と着手して粘り強く掘り進んでいくことで、いつかは答えに辿り着ける**と私に教えてくれました。

　この経験以降、私は仕事から逃げ出すことがなくなりました。
　再び挑んだリゾートバイトでは4ヶ月の期間満了を迎えることができ、翌年にはベンチャーの広告代理店に勤めはじめ、3年間の勤務で1億円ほどの個人利益を出せました。
　もちろん、結果を出せたのは周りの方々のおかげでもあります。どれひとつとして、私一人では達成できませんでした。
　ただ私自身に限って言えば、あのたった1つの難問に真剣に取り組んだことで、あきらめないでやり切る力がついたのは事実です。私にとって、それくらい大きく人生を変えてくれた出来事でした。

## すべての土台は「あきらめない」こと

　「タイパ」という言葉が生まれたように、いまは**「いかに速く正解を得られるか」が求められる時代**だと感じています。
　困ったらまず、ネットで調べる。前例を探したり、そのテーマについて発信している人を探したりする。関連書籍もすぐに見つかり、時間をかけて読まなくても要約した文章や動画を見れば充分。
　なんなら、わざわざ調べなくても、AIに聞いてみたら答えが得られるかもしれない。正解までの道筋が驚くほどに圧縮されました。

　時間をかけて「正解」を考えるなんて無駄だ。むしろ、どれだけ速く正解を「調べられるか」の方が大事だ。そんな価値観が主流になったように思います。
　便利なツールは活用すべきでしょう。私だってネットやAIには日々、助けられています。ですがその結果、正解を調べることばかりうまくなって、**正解を「考え抜く力」が衰えてしまった**ようにも感じます。

あきらめずにやり抜く力。

ペンシルベニア大学の心理学者、アンジェラ・ダックワース氏が「GRIT」と呼んだその力が近年のビジネス界において大きく注目を集めているのは、こういった時代背景があるからでしょう。

インスタントな「正解」がそこらじゅうに転がっている時代だからこそ、誰かが示した解決策に飛びつかずに、目の前の問題から目を背けずに、あきらめないで立ち向かう力が注目されているのです。

「誰かの正解」が「自分にとっての正解」とは限りません。答えのない問題に直面したとしても、自分だけの正解を自らの手で見つけなくてはいけません。そのためには考える力だけではなく、**考え抜くための「あきらめない力」**が必要なのです。

ここまで辿り着いたみなさんには、この「考えることをあきらめない力」がきっと身についているはずです。それは大きな支えとなって、この不確かな現代を歩いていくあなたを助けてくれることでしょう。

## この本も、あきらめなかったから生まれた

じつはこの本も、「あきらめない力」によって完成しました。本書を出版するきっかけをくれた編集者の石井一穂さんとの出会いは、2018年の夏でした。いまとは別の出版社に所属していた石井さんが、私のブログを見て連絡をくれたのですが、当時は実現しませんでした。

しかし石井さんは、その次の会社、そしてさらに次の会社であるダイヤモンド社に転職してなお、**この本のことを「あきらめない」でいてくれました。**そして、ついに出版が実現したのです。何年もご尽力いただき、本当にありがとうございました。

他にも、関わってくださったすべての人に感謝しています。
「論理的思考問題」という斬新なテーマを、ビジネスパーソンにも受け

入れてもらえるようデザインしてくださったデザイン事務所のtobufune さん。これだけの点数のイラストを、わかりやすく、ときにコミカルに 描いてくださったイラストレーターのハザマチヒロさん。度々の修正に も迅速にご対応くださった制作の茂呂田さん。そして、難解な内容にも かかわらず、私の解説が「論理的に」正しいか確認してくださった校正 の円水社さん。みなさん、本当にありがとうございました。

　そして最後に、ここまで読んでくださったあなたにも最大の感謝を 送りたいと思います。あなたがここまであきらめずに読んでくださった ことで、本書がはじめて意味を持ちます。本当にありがとうございまし た。

# 世 界 一 難 し い 問 題 ？

　……すみません、最後に伝えたいこと、もうひとつありました。
　先ほど伝えた「あきらめない力」と矛盾するようですが、とても大事 なことなので、あと少しだけお付き合いいただけたら嬉しいです。

　発端は2018年の中国でした。順慶区の学校でおこなわれた小学5年生 の算数のテストで出題された「とある問題」が、世界各国に衝撃を与え ました。あなたは、この問題が解けますか？

**ある船に、ヒツジ26頭、ヤギ10頭が乗っています。**
**この船の船長の年齢は？**

　先に言っておきます。問題文に誤りはありません。
　いっけんすると意味不明な問題です。実際、このテストを受けた生徒 たちや、問題をニュースで見た全世界の人々も困惑しました。この短す ぎる（そして不可解な）問題の答えは、いったい何なのでしょうか。

問題を解こうとした生徒のうち１人は、以下のように解答しました。
「船長は大人でなければならないので、少なくとも18歳である」

　中国最大のSNSであるWeibo（微博・ウェイボー）のユーザーの１人は、以下のように解答しました。
「それぞれの動物の平均体重を考慮に入れると、26頭のヒツジと10頭のヤギの合計重量は7700kgである。中国では、5000kg以上の貨物を運ぶ船を運転する場合、５年間ボート免許を保持し続けなければならない。ボートの免許を取得できる最低年齢は23歳。ゆえに船長は少なくとも28歳である」

　いずれの回答も説得力がありますが、年齢を断定するには至りませんでした。では、いったい正解は、なんなのでしょう？
　それは、こちらです。

### 「わからない」

　問題となる文章において、船長の年齢に関する記述は一切出てきません。解くことは不可能です。そのため、「わからない」「正解を導くのに十分な情報がない」が、論理的に正しい解答です。

## 「答えのない問題」に答えを出す人たち

　じつは、まったく同じ問題が1979年にフランスの研究者によって、当時の小学校１年生・２年生に対して出題されていました。
　正解はもちろん「十分な情報がない」「わからない」ですが、なんと**75％以上の生徒が「26 ＋ 10 ＝ 36歳」と答えました**。数字を使って、「それらしい正解」を作り上げて答えるという行動をとったのです。
　さらに歴史をさかのぼると、『ボヴァリー夫人』で有名な小説家ギュスターヴ・フロベールが1841年に妹キャロラインに送った手紙の内容

に、その原型を見出せます。

## 「群れには125頭の羊と5頭の犬がいる。羊飼いは何歳ですか？」

　この問題を実際に学生に出題したところ、

「125＋5 ＝130歳←年寄りすぎる」
「125−5 ＝120歳←年寄りすぎる」
「125÷5 ＝25歳←まあ妥当だろう」

という理屈から、**ほとんどの生徒が「羊飼いは25歳」と答えてしまっ**たそうです。フランス・ドイツ・スイスの生徒においても同様でした。
　なぜ、このような「明らかに解けない問題」が出題されたのでしょう。問題を出した順慶教育局によるコメントは以下の通りです。

「我が国（中国）の小学校の生徒は、数学に関して重要なことを見落としている」「調査によると、生徒たちは、数学に疑問を抱く意識と批判的精神がない」「この問題は、学生の質問意識・批判的意識・数学的問題とは無関係に考える能力があるかどうかをテストしている」

　多くの生徒が無意味な問題を「解決」しようとしたのは、きっとこう考えたからでしょう。

「これは算数の問題なのだから、かならず答えがあるはずだ」
「ならば、問題文の要素を使えば正解が導けるはずだ」

　実際、ほとんどの試験において、それは正しい理屈です。
　しかし、この世のすべての問題において、かならずしも答えが用意されているとは限りません。不条理な問題が出てきたとき、「答えられない」が正解になることもあります。これらの「答えのない問題」は、その現実を教えるために出題されたのです。

# 「わからない」と答える勇気を持とう

　学校を卒業して、大きな世界で生きていくなかで、誰もが数えきれないほどの問題に行く手を阻まれます。そんなとき、多くの人は「この問題にはきっと解決法がある」「それを探さねばならない」「見つけられなかったら、自分が悪いのだ」と考えてしまいます。

　たしかに、目の前の問題をすぐに投げ出していては、以前の私のように逃げてばかりの人生になってしまいます。すぐにあきらめるのではなく、じっくり考え、取り組む力は大切です。ですが「考えるのをあきらめる」以上に、やってはならないことがあります。

**「無理やり答えを出す」ことです。**

　テストなら減点になるだけで済みますが、現実の問題に無理やり答えを出してしまうと、取り返しのつかない結果になることもあります。

　じっくり考えた結果、「わからない」のであれば、それが論理的な答えです。論理的に導き出された答えを、「そんなはずはない」「答えはあるはずだ」と、非論理的に上書きしてはいけません。**思考を尽くしても答えがわからなかったとき、それは考えることをあきらめたのではなく、「わからない」という答えを出したということです。**

　その答えを認める勇気を持つことも、不確実性の高い現代を生きるうえで重要なことだと、私は思います。

　先ほどの「船長の年齢は？」問題は、「わからない」と答えることの難しさを教えてくれました。

　そして、この複雑で厳しい世界を生き抜くために最も重要なものの存在を、私たち大人にも教えてくれるのです。

　あらゆる思い込みや常識の罠から抜け出し、問題を適切に分析して最適解に辿り着くための思考方法。

「論理」という大きな武器の存在を。

**参考文献**

アレックス・ベロス著／水谷淳訳(2018年).『この数学パズル、解けますか？』.SBクリエイティブ.

宮崎興二編訳／日野雅之、鈴木広隆訳(2017年).『数と図形のパズル百科』.丸善出版.

ピーター・ウィンクラー著／坂井公、岩沢宏和、小副川健訳(2011年).『とっておきの数学パズル』.日本評論社.

ピーター・ウィンクラー著／坂井公、岩沢宏和、小副川健訳(2012年).『続・とっておきの数学パズル』.日本評論社.

ウィリアム・パウンドストーン著／桃井緑美子訳(2012年).『Googleがほしがる スマート脳のつくり方』.青土社.

ユーリ・チェルニャーク、ロバート・ローズ著／原辰次、岩崎徹也訳(1996年).『ミンスクのにわとり』.翔泳社

藤村幸三郎著(1976年).『パズル・パズル・パズル』.ダイヤモンド社.

田中一之著(2013年).『チューリングと超パズル』.東京大学出版会.

芦ヶ原伸之著(2002年).『超々難問数理パズル』.講談社.

レイモンド・スマリヤン著／長尾確、長尾加寿恵訳(2008年).『スマリヤンの究極の論理パズル』.白揚社.

ポール・G・ヒューイット作／松森靖夫編訳(2011年).『傑作！ 物理パズル50』.講談社.

友野典男著(2006年).『行動経済学 経済は「感情」で動いている』.光文社.

マーガレット・カオンゾ著／高橋昌一郎監修／増田千苗訳(2019年).『パラドックス』.ニュートンプレス.

多湖輝著(1999年).『頭の体操 第1集』.光文社.

中村義作著(2017年).『世界の名作 数理パズル100』.講談社.

D・ウェルズ著／宮崎興二監訳／日野雅之訳(2020年).『ウェルズ 数理パズル358』.丸善出版.

ディック・ヘス著／小谷善行訳(2014年).『知力を鍛える究極パズル』.日本評論社.


**参考ウェブサイト**

Bellos,Alex.(2016,March 28).*Did you solve it? The logic question almost everyone gets wrong*.The Guardian. https://www.theguardian.com/science/2016/mar/28/did-you-solve-it-the-logic-question-almost-everyone-gets-wrong

Bellos,Alex.(2016,October 10).*Did you solve it? The ping pong puzzle*.The Guardian.https://www. theguardian.com/science/2016/oct/10/did-you-solve-it-the-ping-pong-puzzle

Bellos,Alex.(2017,June 19).*Did you solve it? Pythagoras's best puzzles*.The Guardian.https://www. theguardian.com/science/2017/jun/19/did-you-solve-it-pythagorass-best-puzzles

Bellos,Alex.(2017,November 20).*Did you solve it? This apple teaser is hard core!*.The Guardian.https://www. theguardian.com/science/2017/nov/20/did-you-solve-it-this-apple-teaser-is-hard-core

Bennett,Jay.(2017,July 14).*Riddle of the Week #32: Adam & Eve Play Rock-Paper-Scissors*.POPULAR MECHANICS.https://www.popularmechanics.com/science/math/a27293/riddle-of-the-week-rock-paper-scissors/

Coldwell,Nigel.(for no date).*Answer to Puzzle #37: An Aeroplane Takes a Round-trip in the Wind*.A Collection of Quant Riddles With Answers.http://puzzles.nigelcoldwell.co.uk/thirtyseven.htm

Coldwell,Nigel.(for no date).*Answer to Puzzle #59: 25 Horses, Find the Fastest 3*.A Collection of Quant Riddles With Answers.https://puzzles.nigelcoldwell.co.uk/fiftynine.htm

Data Genetics.(for no date).*Bizarre gunman and the colored dots*.Logic Puzzle.http://datagenetics.com/blog/october22012/index.html

Den,Braian.(for no date).*MASTERS OF LOGIC PUZZLES (STAMPS)*.LOGIC PUZZLES.http://brainden. com/logic-puzzles.htm

Doorknob.(2015,May 12).*The Sheikh dies*.Puzzling Stack Exchange.https://puzzling.stackexchange.com/ questions/2602/the-sheikh-dies

Geeks for Geeks.(2023,January 18).*Puzzle 63|Paper ball and three friends*.https://www.geeksforgeeks.org/ puzzle-paper-ball-and-three-friends/

Geeks for Geeks.(2023,June 27).*Puzzle 2|(Find ages of daughters)*.https://www.geeksforgeeks.org/puzzle-2- find-ages-of-daughters/

Geeks for Geeks.(2023,September 18).*Puzzle|Black and White Balls*.https://www.geeksforgeeks.org/puzzle- black-white-balls/

Geeks for Geeks.(2023,November 21).*Puzzle 1|(How to Measure 45 minutes using two identical wires?)*. https://www.geeksforgeeks.org/puzzle-1-how-to-measure-45-minutes-using-two-identical-wires/

Gonzalez,Robbie.(2014,October 12).*Can You Solve The World's (Other) Hardest Logic Puzzle?*.GIZMODO. https://gizmodo.com/can-you-solve-the-worlds-other-hardest-logic-puzzle-1645422530

Khovanova,Tanya.(2016,June 4).*Who is Guilty?*.Tanya Khovanova's Math Blog.https://blog.tanyakhovanova. com/2016/06/who-is-guilty/

Morton,Evan.(1999,September 1).*Ponder This*.IBM.https://research.ibm.com/haifa/ponderthis/challenges/ September1999.html

NSA.https://www.nsa.gov/

Pleacher,David.(2005,September 5).*The Cross Country Meet*.Mr. P's Math Page.https://www.pleacher.com/ mp/probweek/p2005/a090505.html

Pleacher,David.(2005,November 7).*What Day of the Week is it? from Car Talk*.Mr. P's Math Page.https:// www.pleacher.com/mp/probweek/p2005/ma110705.html

Simbs.(2018,January 16).*Who stole the flying car in Hogwarts?*.Puzzling Stack Exchange.https://puzzling. stackexchange.com/questions/59276/who-stole-the-flying-car-in-hogwarts

Talwalkar,Presh.(2017,January 8).*Can you solve the apples and oranges riddle*.Mind Your Decisions.https:// mindyourdecisions.com/blog/2017/01/08/can-you-solve-the-apples-and-oranges-riddle-the-mislabeled-boxes- interview-question-sunday-puzzle/#more-19303

Talwalkar,Presh.(2017,June 18).*The Seemingly Impossible Guess The Number Logic Puzzle*.Mind Your Decisions.https://mindyourdecisions.com/blog/2017/06/18/the-seemingly-impossible-guess-the-number-logic- puzzle/

Talwalkar,Presh.(2017,July 9).*Can You Solve The Hiding Cat Puzzle? Tech Interview Question*.Mind Your Decisions.https://mindyourdecisions.com/blog/2017/07/09/can-you-solve-the-hiding-cat-puzzle-tech- interview-question/

Talwalkar,Presh.(2017,August 6).*The "Impossible" Handshake Logic Puzzle. A Martin Gardner Classic*.Mind Your Decisions.https://mindyourdecisions.com/blog/2017/08/06/the-impossible-handshake-logic-puzzle-a- martin-gardner-classic/

universe.laws.(2018).*Can You Solve The Cat In The Box Logic Puzzle?*.steemit.https://steemit.com/logic/@ universe.laws/can-you-solve-the-cat-in-the-box-logic-puzzle

UNIVERSIDADE D COIMBRA.(for no date).*Projeto Delfos Colecção de Problemas das Olimpíadas Russas*. http://www.mat.uc.pt/~delfos/PROB-RUSSIA.pdf

Wikipedia.(for no date).*Ten-Hat Variant without Hearing*.Induction puzzles.https://en.wikipedia.org/wiki/ Induction_puzzles#Ten-Hat_Variant

Wikipedia.(for no date).*Balance puzzle*.Balance puzzle.https://en.wikipedia.org/wiki/Balance_puzzle

[著者]

**野村裕之**（のむら・ひろゆき）

都内上場企業のWebマーケター。論理的思考問題を紹介する国内有数のブログ「明日は未来だ！」運営者。ブログの最高月間PVは70万超。解説のわかりやすさに定評があり、多くの企業、教育機関、テレビ局などから「ブログの内容を使わせてほしい」と連絡を受ける。29歳までフリーター生活をしていたが、同ブログがきっかけとなり広告代理店に入社。論理的思考問題で培った思考力を駆使してWebマーケティングを展開し、1日のWeb広告収入として当時は前例のなかった粗利1,500万円を達成するなど活躍。3年間で個人利益1億円を上げた後、フリーランスとなり、企業のデジタル集客、市場分析、ターゲット設定、広告の制作や運用、セミナー主催など、マーケティング全般を支援する。2023年に現在の会社に入社。Webマーケティングに加えて新規事業開発にも携わりながら、成果を出している。本書が初の著書となる。

## 頭のいい人だけが解ける論理的思考問題

2024年3月26日　第1刷発行
2024年9月27日　第7刷発行

著　者————野村裕之
発行所————ダイヤモンド社
　　　　　　〒150-8409　東京都渋谷区神宮前6-12-17
　　　　　　https://www.diamond.co.jp/
　　　　　　電話／03·5778·7233（編集）　03·5778·7240（販売）
ブックデザイン— 小口翔平 ＋ 畑中茜（tobufune）
巻頭デザイン·DTP— 茂呂田剛 ＋ 畑山栄美子（エムアンドケイ）
イラスト————ハザマチヒロ
校正————円水社
製作進行————ダイヤモンド・グラフィック社
印刷·製本————勇進印刷
編集担当————石井一穂

**本書の感想募集**
感想を投稿いただいた方には、抽選でダイヤモンド社のベストセラー書籍をプレゼント致します。▶

**メルマガ無料登録**
書籍をもっと楽しむための新刊・ウェブ記事・イベント・プレゼント情報をいち早くお届けします。▶